大中原文化读本

问宗中原：莫道，问禅心

《大中原文化读本》丛书编委会 编

文心出版社
·郑州·

图书在版编目（CIP）数据

问宗中原：莫道，问禅心 /《大中原文化读本》丛书编委会编. —郑州：文心出版社，2018.3（2019.1重印）
（大中原文化读本）
ISBN 978-7-5510-1265-2

Ⅰ.①故… Ⅱ.①大… Ⅲ.①散文集-中国-当代 Ⅳ.①I267

中国版本图书馆CIP数据核字（2016）第091236号

《大中原文化读本》丛书编委会人员名单

选题策划：齐占辉
责任编辑：齐占辉
责任校对：王 莹
装帧设计：青禾设计 李莱昂
出 版 社：文心出版社
（郑州市经五路66号）
发行单位：全国新华书店
承印单位：北京博海升彩色印刷有限公司
开 本：710×1000 1/16
字 数：300千字
印 张：12
版 次：2018年3月第1版
印 次：2019年1月第2次印刷
书 号：ISBN 978-7-5510-1265-2
定 价：42.00元

王剑冰，河南省作家协会副主席，河南省文艺评论家协会副主席，河南省散文学会会长，中外散文诗协会副主席，曾任《散文选刊》副主编、主编。

透射历史辉煌 展现中原文明

河南人爱说“中”，为什么？有人说，“中”就是因为中国姓“中”，中国的中就在中原，中原在中国之中，中原在黄河之中，中原人干事儿没有说不中的。有地方说“对”，有地方说“是”，有地方说“行”，有地方说“要得”，都没有“中”听着来劲儿、瓷实、肯定。“中”是民族味儿，“中”是中原风。

中原无论是过去还是现在在中国都是常住人口最多的地方，说明什么？说明中原是最宜居之地，人们喜欢往这里集中。得中原者得天下，中原一占住其他事情就好办了。你没见一条大河流经九省区，波澜曲折，唯到中原变得漫漶壮阔，山峡中憋屈的风，一遇广阔就尽情尽性。中原给了一切生物以一切的可能。没有哪一个地方被那么多的游子称为“老家”，出了中原你随便问，总能遇到河南人。中原人爱唱戏，声腔沉郁豪放、婉转悠扬，能拉魂曳魄、惊天泣神。中原人待客都喜用大杯大碗，从来按头等大事对待。中原人爱吃面，能吃出七十二花样，耍出十八般武艺。中原人有愚公般的实在，也有老子样的智慧。在中原，你随便走一地，都会同历史、文化、文明相通连。无数人物、无数遗迹、无数传说使得中原自显博大，沉厚深浑。

我所居住的地方，不远有座版筑土城，上面长满荒草和野木，冬天的时候铺满皑皑白雪，从高处看像一条银色长龙，逶迤折向很远。春天又开满了野花，说不清的芬芳随处荡漾。这就是郑州的商代都城遗址。渐渐地，我越来越知晓郑州的一些细节的东西。在城墙的一个角落，有标志是“李诚故里”，李诚是谁？一查资料方知此人了得。我还寻找过李商隐在郑州古城墙附近的居所，以及他常登临并赋诗的夕阳楼。那首诗后来被刻石而名扬天下：“花明柳暗绕天愁，上尽重城更上楼。欲问孤鸿向何处，不知身世自悠悠。”我站在一片古城废墟上，面对西下的落日一阵感慨。我去找寻过陈胜故里，年代久远，只有一点可以追寻的痕迹，那是在阳城也就是现在的告成的老墙围子里。我当时一阵惊喜，那个辍耕之垄上怅叹久矣、怀有鸿鹄之志揽乱历史风云的猛士，竟然是郑州登封人。还有黄帝、子产、列子、韩非、杜甫、郑虔、白居易、申不害、郑国、高拱、许衡、李商隐……也都是郑州人。这是一个怎样的队列啊，这些风云人物，竟都在一个地方聚齐了，他们之中有中国历史上最伟大的政治家、军事家和文学家，由他们串起来的故事，可以说就是半部中国史。

我出郑州，刚过了圃田的高架桥，就看到一个“列子故里”的牌子，牌子虽然不起眼儿，但让我猛一激灵。列子何等人物？那个讲说了《愚公移山》《杞人忧天》《郑人买履》等故事的“寓言大王”原来就在这里！而他的主要创作来源，大都是取自中原的生活与传说。我经过光山，才知道司马光是在光山出生，司马光的“光”就是取自“光山”。我一直没有到过获嘉，到那里才知道有个同盟台，武王伐纣时曾在那里会盟然后展开的牧野大战。去偃师，本来是去看二里头遗址的，在一个学校的角落发现一堆土，荒草蓬茸，颓然不堪，里面掩埋的竟然是吕不韦。

因为地处中国之中，中国八大文明古都，中原就占了四个。《诗经》三百篇，一半以上内容都与中原有关。中原地下文物堪称第一。这么说吧，你到中原游走，无论顺哪个方向都不会让你失望。咱们就从郑州往东西两线说说，往东，中间经过官渡，那是历史上有名的官渡大战的地方，然后是中牟，中国的美男子潘安的老家，再说开封话就多了，再往东有朱仙镇，有老子故里，有花木兰故里，有芒砀山（汉高祖刘邦斩蛇起义的地方）。再有商丘，里面的历史也能让你流连忘返。那么拐回头再往西去，又会有邙山历代陵园，其中就有宋陵，有杜甫故里、二里头文化遗址，洛阳更不用说，洛阳往西到三门峡，还有老子走过的函谷关。这只是差不多顺两条直线说一说，如果论片说就更多，还有南面北面呢，可以说哪条线都串联着无数辉煌的珠玉。

到底中原有多少好？我这里不细说了，那么看看这八卷书吧，看完再告诉我你的感觉，你一定说我没有妄言。我感觉，文心社出这套书是大手笔，数百位热心文友参与撰稿写作，以随性、自由的笔法，以极具个人成长印记的独特感受，来写中原传统文化，构成宏大的一套可供参考、学习、欣赏的“大中原文化读本”。这套书按照编者的说法，是把被史学专家、文化学者把玩的中原文化，以文艺范儿的通俗化理念，搞出来美食、民俗、戏曲、寻根、问宗、故都、古镇、非遗八个分册，每个分册选取中原文化的一个独具特色的亮点，是想展现中原生活风俗，体现中原人文精神，传承华夏文明，突出正义与精神，追求向上向善的力量。这就有意思了，也算是文心出版社精心打造的文化盛宴。

中原正在发生着变化，而且是很大的变化，这或许同你的印象或概念不大一样了，这些不一样，在这些书中也有反映，总之这些文字会给你带来回味和惊喜。这也是在多个方面给你引出了一个参观线路，就像一个增乐趣、长知识的导游图，在导游图上你可以随意找出想看到的那些细部特征。实可为旅途伴侣，枕边挚爱。这样，中原人会对家乡有更多的了解、自豪和自信，外地人也会对中原有更多的感慨。如此，当是我们为之满足的，快乐的。

王剑冰于郑州形散庐

邀您共赴
这场中原文化的饕餮盛宴

无论是为新书推广，还是为最确切地表达我们内心最真实的激动，我们都为这套“大中原文化读本”书系想象了很多的广告语。无奈，我们这些河南人都过于朴实，也不好意思说些太过花哨与夺人眼球实际上却早已失去了事情原本面庞的“豪华”字眼儿。最终，我们只是就这样掩去自己太过激动的内心，带着满怀的诚挚与真情，道一声：四百多名河南老乡，邀您共赴一场关于中原地区传统文化的饕餮盛宴，您约不约？

写这篇编委序时，恰是2016年的立夏。此刻，“大中原文化读本”全套八本书的内容已全部定稿，责任编辑也为它们申请了书号，它们正大光明的、合法的“身份证”也即日将由国家新闻出版总署发放到位，我们的内心又该如何不激动呢？回想一下这套书的成书历程，我们又该如何不感慨良多呢？从2014年年底，到2016年的立夏日，这个中的曲折、努力、激动、欢喜、欣慰……又怎是一个“好事多磨”能解释得了呢？

从一开始，“大中原文化读本”的策划方向，即是为河南省、中原地区优秀传统文化立传立言，发动所有能够以文字代言、表达真实内心的河南老乡，无论是作家还是文友，无论是“术业有专攻”的专家、学者，还是名不见经传的普通乡民，用文字来一场关于中原传统文化的“集体回忆”。让为生计而远离中原故土家园的河南老乡们，有这样的一套书以解乡愁；让对河南人有误解的外乡人，通过这样的一套书来深刻认识中原地区优秀、灿烂的文明，以及河南人至情至善的人格内核。

因着这样的大志向，2015年年初，征稿伊始，“大中原文化读本”便引起了河南文化界的极大关注。有知名作家把自己正在整理、打算出版的整部书稿都直接发给我们，让我们随便选用，从始至终连稿费多少都未曾问过。普通文友也是热情高涨，有文友大笑着说“作为一个土生土长的河南人，中原文化的盛事又怎么能少了我呢”，继而一篇接一篇地把稿子投给我们。征稿六个月，我们共收到来稿七千多篇，至于其中有多少河南老乡甚至省外作家、文友参与进来，我们无法做出精准的统计。虽然，因为图书版面有限，编委会从这海量的来稿里优中选优，敲定了八本书的全部内容，最终仅选用了四百多篇，但是，我们依然可以任性地说：这套书至少是河南老乡共同创作的，我们实现了“河南老乡集体回忆”的初衷。

截稿之后的2015年下半年，我们开始既紧张又欢欣的选稿阶段。之所以紧张，是因为投了稿子的作者们急切地想要知道自己的作品是否被录用而每每催问；是因为关注“大中原文化读本”的老乡们一直在催问什么时候见书；是因为我们自己怕漏过每一篇佳作，怕一丝一毫的不负责任就无法做到把中原文化的最美面貌呈现出来，毕竟，正像翘首以盼的读者所说的那样：“这套书势必会成为河南文化的一张名片，甚至是脸面。”我们又怎敢掉以轻心？

之所以欢欣，是因为我们这些人虽然冠以“文化人”的名号，到底是不敢妄言什么都懂什么都明了的，而恰恰是在边读边选稿件的过程中，对中原文化知识进行了恶补。能学习到新的文化知识，让人如何不欢欣？另外，还是因为在选稿读文时，我们往往会发出“当年我也经历过”的感叹，那似曾相识，那有着共同的中原文化背景的乡愁情结，在文字间得到了共鸣，获得了纾解。能亲切到彼此像共同成长、一起生活的伙伴一般，让人如何不欢欣？

《美食中原》——我们流着口水，回忆着母亲做的咸菜疙瘩和蒸卤面的香甜在看；《民俗中原》——我们回忆着很多习俗尚且还在时日子艰难却家庭温馨、乡邻和睦的童年往事在看；《戏曲中原》——我们伸长了耳朵，听着马金凤威武的“辕门外，三声炮”，听着唐喜成嘹亮的“风萧萧马声嘶鸣”，听着任宏恩让人忍俊不禁的“月光下，我把她仔细相看”，于乡情乡音乡戏的沉醉中在看；《故都中原》——我们忍着被文字撩拨得几乎要夺门而出，来一场说走就走的故都之旅的冲动在看；《寻根中原》——我们带着对自己的祖上的追根问底，带着对老宅旧屋的浓得化不开的乡愁在看；《问宗中原》——我们沐浴着深山佛寺的清净之味、函谷关道家的自由之风在看；《古镇中原》——我们是看几篇文章就被文字吸引了，带着非要去那些散布在中原地区的文化名镇、传统村落里走走看看的回归感在看；《非遗中原》——我们带着对很多先辈留给我们的民间文化精粹几乎今已不见了踪影的遗憾，以及部分得到了重视、发掘且被继续传承的欣慰在看……

而当您来赴这场关于中原文化的饕餮盛宴，把这“八大件”的套餐拿在手中的时候，您又会如何看呢？

辛苦不再赘言。感谢所有曾给予“大中原文化读本”支持与帮助的人们。感谢上苍，让我们有这样一个共同赴“宴”的机会，约不约？等您，不见不散。

《大中原文化读本》丛书编委会

行禅中原

目　录

问宗中原：莫道，问禅心

问道中原

行禅中原

从省会郑州，到古城开封、洛阳，一直到更远处的南阳、信阳；从人群熙攘的城市乡村，走到人迹罕至的深山老林，行禅中原，我们一路拜谒的是普度众生的佛门寺院，我们一路寻找的是我们自身丢失已久的禅心……

少林古刹

王秋声｜文

“少林秘笈，国之瑰宝”，这是金庸先生在2000年题给少林寺的八个大字，当我在少林寺的第一重院落里不期然地撞见它时，这副庄重危立的碑刻，一下子让我怦然心动了。

我在心里默念：“哦，少林！”

转眼间，待在距少林寺仅百余里之遥的郑州已经有四年了。在这四年里，或者步履匆匆，或者优哉游哉地去了很多地方，省外的省内的，知名的不知名的，却唯独没有去过近在咫尺的少林寺。别人不远千里慕名而来，自己却心安理得地错过，这件事说出来，无论如何都是很丢人的。其实在我心里，那份“少林”情结丝毫不逊于旁人。在我小时候，以及我的少年时期，它始终是一颗耀眼的明珠，轻而易举就可以使我年轻的血液沸腾起来。我知道世界上有这么一个角落，是我必须要去的。我不会矫情地说它正在漫漫的时光中等待着我，我还没有那种资格。我只能在心里的某一个地方，悄悄留下一份向往，让它沉淀成一个梦，有朝一日看着梦境的涟漪慢慢荡开。后来随着年龄的增长，我也渐渐领悟到，少林寺不仅仅是一个梦，在漫长岁月的酝酿中，它已经深入心灵，成为一个勘不破的谜题。我想走近它，却又不敢那么早地接近它。

少林寺的名气太大了，来嵩山，就意味着要去少林寺，它几乎成了嵩山的代名词。虽然“五岳”当中嵩山最大的亮点是儒释道三教的兼容并济，可时代发展到今天，这个最能代表嵩山特色的亮点已经弱化了，少林寺声名鹊起，一跃成为嵩山最权威的代表。这一点，在门票价格上表现得最为突出，你几乎想都不用想，也知道少林寺的门票是最贵的。

我是从少室山的后山门开始出发的，据说，要走六个小时才能到达

【作者简介】

王秋声，河南商丘人。青年作家。已出版儿童文集《鸽子树》《数星星的孩子》《说梦人》，散文集《时光深睡浅眠》，以及大型历史文学著作《瓶装三国：那些三国时代的励志哥》。

少林寺。

登山途中，路过正在修缮中的禅院，据说已修八年，可见工程何等细致艰巨。路过的时候，工人们正在吃午餐，看着他们三三两两地坐在山道上，安安静静的样子，心里不由自主地涌起一股感动。

再往前走，就进了少室山的胜景，栈道壁立，吊索悬空，石桥飞渡，危崖累累，红叶斑斑，白云霭霭。这便是天造地设又兼鬼斧神工的桃源仙境三皇寨。置身其间，是一种彻彻底底的身在山中的感觉，倘若再加上云遮雾绕的天气，加上湿润季节的潺潺流水，那就是名副其实的人间仙境了。选择在这样的时刻涉足太虚，脱胎换骨可想而知。

幸运的是，今天阴晴不定的天气，缔造出了隐隐的山雷，还有丝线般飘飞的雨点。由远及近，似有似无。飘飘忽忽，恰到好处。一会儿天色放晴，阳光透过云层密密匝匝地洒下来，晶莹的光亮霎时笼罩了半边天空。突然，耳边传来纯净如天籁般的歌声，在山谷间回荡往返，萦绕不绝。凝神静听，原来是走在前面的几位阿姨在练习美声。那是一种舒畅而陶醉的自然释放，是歌喉与自然美景的完美共鸣。

在这种洋洋洒洒的歌声中，山色也变得韵味十足。在这种韵味十足的山色中，人也变得豁达超脱了。

五个小时之后，三皇寨的行程已经接近尾声，再往前走，就渐渐嗅到少林寺的气息了。首先，是弥漫在山涧、石道上的电影《少林寺》的主题曲，一路上，播了一遍又一遍，空灵清越的旋律撩拨着蠢蠢欲动的心弦。

很快，脚下出现平坦的盘山公路，这是三皇寨到少林寺之间的过渡地带。我看了看时间，马上就要5点了，比我预计的到达少林寺的时间稍稍晚了一些。我一直固执地认为，5点到6点之间，星升日落，清浊交替，是领略风光和开阔胸臆的最佳时间段。所以每一次旅行，我都不愿意错过这段黄金时间。傍晚时分的少林寺，会不会更加恢宏壮观，更富有神秘色彩呢？我的想象又开始展开翅膀，沿着莽莽苍苍的群山和路边的松柏尽情挥洒。

落日已经隐藏在深黛色的山脊背后，橘黄色的霞光和密密层层的云朵连成一片，如兜

头而降的瑞光，笼罩在山顶上方的万丈高空中。漫不经心地摇摆着的白色芦苇、满山遍野星辰般绽放的红色枫叶，再加上时不时响起的几声鸟雀的啾鸣，霎时，群山环抱下静谧恬淡的气氛，在一呼一吸之中直透肺腑。

正走着，于绿树红叶间迎面撞见"少林寺"三个字，心潮立刻澎湃起来，全身上下的疲惫全部一扫而空。脚步再也不受控制，自顾自地向前急趋。近一点，再近一点，却发现那不是少林寺，而是从三皇寨下来的索道站，电影《少林寺》的主题曲，就是从这里传出去的。我心里有一种失落中间杂着希望的情绪，因为我知道，一旦走到这里，真正的目的地就近在咫尺了。

顺着坡度平缓的山路，转了一个半弧形的弯，眼前豁然开朗，好大一片山谷！

第一眼，就看见了塔林，它们或大或小，或高或低，隐藏在古松的背后。肃穆的气氛陡转直上，遥远而又清晰的画面顿时浮现在眼前。那是小时候看过的电影里，有关塔林的镜头。记忆中，没有那么多松树，现在看起来，塔林几乎完全处于松林掩映中。由里而外，渗透着沧桑古朴的庄严气息。塔林是埋葬历代高僧舍利的地方，单凭这一点，就足够让人敬畏了。

穿过塔林往前走，我已经没有心情计算到底走了多少步，也已经来不及分辨东西南北，全部的精力都集中在了眼睛上。此刻除了"少林寺"三个字，似乎再也没有什么可以引起我的注意。

不知不觉接近了游人络绎不绝的广场，猛转身，一副醒目的匾额赫然横在眼前。

少林寺到了。

多数人来到这里的第一个反应，就是在门前的台阶上留下一张照片，带着抑制不住的喜悦，带着初来乍到的振奋，带着景仰已久的郑重。几乎每隔三秒钟，就有一个新的游人站上去，从我来到山门前到走进少林寺院内的三分钟时间里，从无间断。

进入第一重院落，迎面有两排参天的古树，有高高低低的石碑林立，两侧深褐色的屋檐层层叠叠，顿时给人一种沧桑森严的感觉。金庸大师的题字，就在这些石碑当中。众所周知，金庸的14部经典著作中，有半数以上提到了少林寺，少林功夫更是跃然于字里行间。他的名字在少林寺出现，不可不说是一种微妙的结合。

连接第一重和第二重院落之间的那座天

王殿，是少林寺给每个人的下马威。四座威风凛凛目眦欲裂的雕像罗列在殿内，乍见之下，不禁令人心头一震。千秋万代，他们就这么伫立着，警告那些心怀叵测者，在佛祖面前最好收敛一点、本分一点。

从第二道院落开始，就必须沿着侧门往后走了。穿过第二道院落，后面依次是五座巍峨的厅堂：大雄宝殿、藏经阁、方丈室、立雪亭、西方圣人殿。这些如雷贯耳的名字，突然真真切切地出现在眼前，不禁令人心潮澎湃，敬畏之心一层浓似一层。

路上，偶然看见两位武僧在钟楼下的角落安静地练武。师父负手而立，徒弟认认真真地耍出一套棒法。那种在武侠小说和影视作品里才能见到的场景，无比真切地映入眼眸。

沿着一层层院落往回走的时候，天色已近薄暮，山坳中不知何时吹起一阵萧瑟的晚风。这一阵风，吹在脸上不光令人神清气爽，还扑面而来一股清冽的古意。院子里成排成行的松树随风摇曳，不期然地，耳边传来清脆的风铃声。层层屋脊在夜色中延伸，背后是连绵不绝的群山；钟楼鼓楼巍然耸立，辉映着浩荡起伏的松涛。在台阶上蓦然抬头，屋檐上、枝叶间，斜挂着一弯新月。

霎时间，一股远古的情思直抵心扉。旷阔辽远，绵延不绝。就是这一种感觉，让我深深陶醉其间，如同触摸到心海最深最隐秘处那束最为远古的愿望，每一根神经都在颤颤悠悠地跳动。

因为天黑，此刻少林寺已经不再接纳白天的游客，专门用于离开的侧门也已经关闭。我正不知如何是好，一位把守在门廊下的僧人伸手向我指了一个方向，告诉我说一直走，就可以出寺了。

那竟然是一道狭长的胡同。

走在这条宽不过一米、静悄悄的路上，两侧沉默沧桑的石壁将我无声无息包围，每走一步，脚步声都仿佛紧叩在我心头上。不知不觉已接近胡同的尽头，蓦然回望，一股难以割舍的情愫突如其来。

面前人影婆娑，喧嚣人间兜头而至。一步之差，恍若隔世。

我在少林寺的日子里

段海峰 | 文

【作者简介】

段海峰，河南开封人。1983年毕业于开封市财贸学校。历任河南省第二新华印刷厂会计、统计，《时代青年》杂志编辑、发行部主任、编辑部副主任，三味书社经理，《时代青年》编辑部主任。1988年加入中国作家协会。

我曾多次以游客身份游过少林寺。外地客人来访，亦多有陪同。但是此次，当我随着熙熙攘攘的游客，踏入少林寺山门的时候，却明显觉得与众不同了：别人仍是游客，我却要住进寺内！

数日前，我曾与少林寺住持释永信法师相约，要来少林寺住一段时间，听听经，学学禅，打打坐，说白了，是想体验另一种生活。所以春节刚过，我便兴致勃勃地来到寺里。

永信法师在方丈室接着，品茶叙话。我谈了削发体验的想法，永信法师笑曰："你又不是真出家，削发有什么意义？你不想想，几天后你穿着僧服，光着脑袋回到单位，领导会对你有什么看法？岂不影响你的前程？"寥寥数语，道破迷蒙，令我原先的浪漫想法回归现实。想到"心中有佛，原无论在家出家"，心里也就释然了。

此次进寺，我将手表、手机都放在家里，断绝与外界的一切联系，不去掌握时间，幻想完全回到自然状态。因此在寺院的这一段生活，跟外界确实有不同之处……

在寺里，我成了最闲的一个人。说最闲，是没有任何事让我去做，吃过饭，看书，再吃饭，再看书，然后睡觉。其间如果看书累了，就到寺内寺外去转悠。可是后来我发现，比我更闲的还有，因为这时春节刚过，尚是假日，有些和尚干脆吃过饭睡觉。省去看书和转悠，真是比我技高一筹。然而这里面却隐伏着禅机。抄永信著《禅露集》中的一段：

有僧求法：请大师指点悟道之路。

文偃说：吃粥吃饭。

又有僧说：施主设斋，将何报答？

文偃说：量才补职。

僧说：不领会。

文偃说：不领会就吃饭。

永信法师道：佛心随处皆有，法门随缘自开；只要有心，吃饭、穿衣、睡觉，皆是悟道法门。

我住在寺院最后边的挂单室。“挂单”的含义，是外来和尚或居士来寺内暂住，吃住费用全免，一般以三天为限，如果三天后不走，还要住下去，就要在管理处续订日期。我因为不是和尚，所以根本不管这些。不过，事后据负责此项工作的延山师父讲，是他帮我办理了这些手续，他们是把我当作居士对待的。禅房门框是副对联：“钟声惊醒名利客，佛号唤回梦迷人。”每次出入，都令我忍不住默诵一遍。

太阳落山了，肚子有些饿，因为不戴手表，也难以掌握时辰。小和尚们拿着碗筷已经去伙房了，延鲁领我一起去。作为客人，我的斋饭是免费的。而实际上，平时僧侣们吃饭，也要凭餐票，这一段时间因为是大假，吃饭不收费。晚饭很简单，一碗大锅熬菜，里面是粉条、豆腐、白菜、面筋、蘑菇之类，因为寺规不吃肉，不吃葱、蒜，不食油腻，基本上是白水清煮，所以菜的味道，也比我想象的要清淡许多。关于电影《少林寺》中和尚吃狗肉，以及“狗肉穿肠过，佛祖心中留”的理论，永信法师解释说，那完全是艺术演绎。嚼着菜根，想起“饭疏食饮水，曲肱而枕之，乐亦在其中矣”之类的古句，在理解上更深一层。在寺内，我信守寺规，在饮食上不搞任何特殊，唯有一次因去伙房晚了，没有饭吃，这才到寺外小摊儿上吃了两碗凉皮。令我惭愧的是，凉皮里放着双份的蒜汁和辣椒！

不管怎么说，能在少林寺住下，我已

经很满足了。夜晚，山风呼啸，四周寂静无声，我从后院开始，顺着各个殿堂看看，诸神于暗中睁大双眼，令我心惊肉跳，阵阵佛号使我灵魂超升。

在这无人之境，我独自漫步在清寂的寺院。与白天喧闹的情景比，完全是两重世界。山风吹响檐角的铜铃，悦耳，继而悦心。以前虽来少林寺多次，但像今夜这样独自徘徊，却是平生首次，因而也就更激起我诸多感慨。少林寺建寺已有一千五百多年，那么历史上有多少高士名僧，在月下这样漫步呢？照过前人的月光，今天又照着我。这样一想，思路不由得越想越远。顺路拐到僧人所居住的禅房，与妙宇和尚聊天。我问怎么没有见和尚练武功，妙宇说：“师父一般不教绝招，除非是内室弟子。还有些师父对外招兵买马，开办武馆，所以寺内练功都不在明处，外人难以看到。”

晨起饭毕，独登五乳峰上的达摩洞。此洞据说为达摩面壁修炼之所，因而也就声名显赫。至近，却不过一小山洞，洞内仅供达摩塑像一尊，由一小沙弥名延民者守护。延民年十八，出家已两年，其姐姐在少林寺后山之初祖庵出家，因父母双故，姐姐念他无人照料，就把他带至庵中，拜永梅尼为师。

我跟延民聊天熟了，傍晚就和他一起下山，来到初祖庵，延民、延念邀我进去参观。尼姑庵向来不接待外人，我这是非常的例外。延民为我打开大殿门，见我不是佛教徒，就代我烧香磕头，许愿三遍。随后尼姑们都来上殿，唱经。延民征得师兄同意，留在禅房陪我聊天。见他口口声声地说“师兄”，我奇怪并没有见到师兄，他解释说，他喊尼姑亦为“师兄”，在庵里是不以男女性别而论的。他的床头，放着一本佛经，还有一本日记。延民让我看，上面抄着一些处世格言，也有一些流行歌曲的歌词，只是没有见《女人是老虎》。我见天色已暗，就要返回寺里，延民很想留我在庵里住一晚。从我内心讲，能在尼姑庵住一夜，也是平生难

得的际遇。可惜延民去请示师兄后，师兄不允，延民无奈，只好送我出了庵门，又说，山路崎岖，你眼力不行，又不熟路，怕出意外。他坚持将我送到山下，到了我住的挂单房，这才放心跑回后山。

延民走了，我躺下看书，连日来山上山下地跑，实在累了，一会儿，就睡着了。睡到半夜，一阵拍门声将我惊醒，原来是值勤的来查夜，对照着登记簿，问了我的身份，这时我似乎明白了延民的师兄为何不让我在尼姑庵留夜的原因了。

来到少林寺，住禅房，吃斋饭，听经声，我是要皈依佛门吗？自知天资尚浅，一时还达不到这样的境界，说句开罪佛门弟子的话，是我还没有把泥塑的佛像看成偶像，因而也就难以形成崇拜。但是站在佛门之外（心在外而身在内），却也隔山望雾地多少领略了佛门的风景。不信佛不要紧，却可以参禅，用永信法师的禅语讲，学禅的最高境界是“身心平静”。那么用反证法，“身心平静”是不是也算禅的一种呢？

生活在滚滚红尘之中，每个人的心情，大概都难以长久平静。不平静，来源于有烦恼，有牵挂，有悲观，有得失，从入世的角度说，这有进取的一面，但从出家人的眼光看，就未必，起码有一部分不值得不平静，从这个门缝，会不会把人看扁，我觉得不会。佛性，每个人都有，多数人只是开发了其中很少一部分，用于寻求眼前的既得利益。这样想了之后，不顾四壁皆空，满室寒气逼人，只顾埋头读书。永信法师赠我几种佛学入门读物，有《醍醐》《正信的佛教》《向知识分子介绍佛教》等，几天来，被我一啃而空，至于能不能全懂，我采取的是“老牛反刍法”，先吃，然后慢慢消化。

几天后，我要返回都市。当初是静静地来，此番是静静地去。收拾了行装，当我随着送我的永信法师步出少林寺，回望这座闻名天下的寺院，我的心情于刹那间，得到了从未有过的平静。

大雄少林寺

晨之风 | 文

少林寺，在我的心中一直是个很神圣的地方。这源于河南人内心深处的文化情结，一种浓浓的化解不开的文化情结。

了解少林寺是在20世纪80年代初，一部电影《少林寺》风靡全国，走向了世界，赚足了票房。有人说一部电影《少林寺》给一个民族注入了兴奋剂，虽然有些夸张，但是在当时全国上下热议少林寺这绝对是事实，我们不得不承认这是香港电影业挺进大陆的胜利。我到现在还认为，《少林寺》是迄今为止，香港在大陆做得最成功的电影，主角李连杰后来成了国际影星，这都是《少林寺》的功劳。到现在还难忘“日出嵩山坳，晨钟惊飞鸟，林间小溪水潺潺，坡上青青草……”的《少林寺》主题曲《牧羊曲》，充满诗情画意，让人顿生无限遐想。

对于少林寺，我心仪已久，一睹少林寺全貌却是在2012年。

我查阅了资料，知道少林寺位于河南登封城区西北的中岳嵩山西麓，始建于北魏太和十九年（公元495年）。北魏孝文帝为安置印度高僧跋陀而敕建，因坐落于嵩山少室山密林深处，故名“少林寺”。后因印度高僧菩提达摩一苇渡江来到嵩山，于五乳峰山洞面壁九年，创立禅宗，少林寺成了中国禅宗祖庭和少林功夫发祥地，故有“禅宗祖庭”“武术胜地”之称。

今天我来到少林寺，圆了我多年的梦想。

穿过“天下第一名刹”的石牌坊，越过森森柏树林，向前走不远便是少林寺了。在一片参天古木的掩映中，少林寺巍然屹立，正门匾额“少林寺”据说是千古一代帝王康熙皇帝的手书。

寺庙本该是清静之地，也许是“黄金周”的缘故，如今的这里已是

【作者简介】

晨之风，本名李涛，河南淮阳人。中学教师。河南省作协会员，淮阳县作协秘书长。出版有散文集《从小村上路》《情漫陈州》《我在旅途读风景》等。

很难清净了。游人如织，熙来攘往，到处是喧嚣，到处在叫卖旅游小商品，到处充斥着功利，这是与原本的少林寺格格不入的。

依次走进山门、天王殿、大雄宝殿、藏经阁、方丈室、立雪亭、西方圣人殿，在每座大殿前边，每一次抬脚落脚，都是在一步步走进我们的祖先用智慧和灵感所凝成的珍贵的文化遗存。

过了山门，是长长的甬道，上面雕刻有莲花的图案。导游说，当年释迦牟尼大佛出生后就会说话走路，相当神奇，他每走一步即生一朵莲花，共走了七步。于是“七步莲花”便寓意着幸福美满。导游建议我们每个人要在青石板莲花上连踩七步，日后就会步步高升。听此一言，大家便都喜笑颜开地踩了七步。甬道两旁古木参天，石碑林立。这些碑刻，有武僧绝学的记录，有前来参拜的朝廷大员的行记，有东西方佛学交流的记事，有武林侠士的题词，有国内外武术界的捐赠，也有现代名人留下的手迹。林林总总，高高低低，可谓纵贯古今，横跨中外，也成了一道文化味儿浓厚的风景。在莲花甬道尽头，一株有着一千五百多年树龄的古银杏树分外吸引眼球，三个人还合抱不过来，我心里顿生一种强烈的震撼。如今这棵树依然枝繁叶茂、生机勃勃，我随手拍了好几张照片，真真感叹银杏树的魅力。

天王殿的外殿威严地站立着哼、哈二将像，内殿塑四大天王像，挺胸怒目，令人肃然起敬。

大雄宝殿前东侧，高四层的钟楼巍然雄伟，实属国内罕见。据说，少林寺钟楼是先有钟，后有楼。钟楼外并立两通石碑——《太宗文皇帝御书碑》和《小山禅师行实碑铭》，为少林寺的镇寺之宝。其中《太宗文皇帝御书碑》，刻立于唐玄宗开元十六年（公元728年）。正面是李世民告谕少林寺上座寺主等人的教文，表彰了少林寺僧助唐平定王世充的战功；右起第五行有李世民亲笔草签的“世民”二字；背面刻的是李世民“赐少林寺柏谷坞庄御书额”，记述了“十三棍僧救秦王”的故事，是影片《少林寺》拍摄的主要历史依据，这也是少林寺得以名扬天下的依据。历代朝廷提倡“忠君爱国”，而少林寺救唐王无疑很好地体现了这一点。皇帝一关注，成名很容易。由于朝廷的大力支持，少林寺在唐朝初年就发展成了驰名中外的大佛寺，博得了“天下第一名刹”的称号。

在钟、鼓楼之间，有多通石碑，其中最引人注目的是《达摩一苇渡江像》碑，图画取材于达摩渡江北上的故事。据传菩提达摩

得法后，问其师般若多罗，该到何处传法。其师曰：该去中国，并且要到中国的北方。公元527年，菩提达摩漂洋过海，从中国的广州登陆，到达当时南朝梁的京城建康（今南京），达摩与梁武帝（信奉小乘佛教）话不投缘，因此，就决定渡长江北上。当他来到江边看到滚滚长江烟波浩渺，船只皆无，只有岸边不远处有一老妇，正在割芦苇，达摩便走上前去，深施一礼说道：“施主，我要过江，怎奈无船接济，请您化棵芦苇与我，以便过江。”老妇顺手抽出一根芦苇给了达摩，达摩双手接过芦苇，及至江边，轻轻将芦苇放于江面。只见一朵芦苇缨花昂首高扬，五片苇叶平展，达摩双脚踩于芦苇上，飘然渡过长江，北上传法。这当然很有神话色彩，也不可信，不过后人却一直很崇信。据说，那个老婆婆是观音菩萨的化身，是帮助达摩渡江北上的。达摩的传说无疑增加了少林寺的传奇色彩。

西方圣人殿是少林寺院内的最后一座大殿。门额悬“西方圣人”竖匾，“西方圣人”是佛教界对佛的尊称。佛教来自西方，在中国生根发芽，尽管发生了变化，但是中土还是很尊敬。殿内中间设石佛台，上置美丽的雕花佛龛，龛内供奉着毗卢佛铜像。铜像大约高三米，毗卢佛结印趺跏，端坐在千叶莲台上，法相庄严。给人印象最深的还是殿内砖砌的地面上有48个排列有序的陷坑，这是少林寺武僧们因清代朝廷禁止民间习武，于是择此隐蔽之地习武练功时留下的脚窝，寺僧称其为“站桩坑”，这是僧人刻苦练功的见证，也说明少林拳的“曲而不曲，直而不直”的特点。可能担心游人损害此地，平时不开放。

沿寺院西侧的台阶走出少林寺门，往右走，是一条山间小溪。溪水潺潺，蜿蜒而下，《少林寺》电影里呈现的花红柳绿、桃花朵朵、蜂飞蝶舞的场景，据说就是这里。经过小溪，不远就是少林寺的塔林了。这里是少林寺历代住持和有地位、有贡献的僧人

的墓群。按照佛制，只有名僧、高僧圆寂后，才设宫建塔，刻石纪志，以昭功德。塔的形制层级、高低大小，除了受各个历史时期的风尚和具体情况的影响，还体现着逝者生前在佛教界的地位和威望。塔林现存自唐朝以来历代墓塔二百多座，这些塔的造型多姿多彩，有单层和多层，最多层级为七级，即世称“七级浮屠”。可以想象，每一座塔下，除了安葬着圆寂高僧的灵骨或生前衣钵，还都有一个饱经磨砺的故事。亲手抚摸着那些从历史深处留存下来的旧塔，仔细辨认着模糊不清的碑文，或许这就是厚重的人文体会。可惜好多游客不敢在这里合影留念，导游说在这里合影留念不吉利。

到少林寺旅游看武术表演，这似乎是必须的。少林寺专门开展了此项旅游服务。表演的音乐响起，一群少林弟子挥舞着棍棒拉开了表演的帷幕，伴随着播音器高亢的解说，观众的掌声和喝彩声此起彼伏。无论是童子功、象形拳、二指禅，还是银枪刺喉、头开钢板，十八般兵器，悉数搬上舞台，充分展现出少林功夫禅武归一、内外兼修、立足实战的独特风格，给人以强烈的视觉震撼。游客在欣赏婉约风景的同时，真切地感受到了少林功夫的阳刚雄风。

游罢少林寺，我登上少室山。俯瞰周边，古木郁郁葱葱，焕发出无限生机，登高望远，一览众山小。少林寺也早已隐在远处的山林中，显得悠远古朴，不时传来游客无规律的撞钟声。少林寺原本应该一片静谧，可惜今非昔比。世俗的东西无时不在冲击着这片曾经的净土，这里的和尚哪还有心思读书诵经?

“少林天下功夫，少室人间禅境。”我感觉，在少林寺，“文”和“武”恰到好处地融合为了一体，这是中华文化很成功的范例。

很显然，在少林寺的短暂停留并不能让我寻找到精神的净土，这就是现实的无奈，但也许是进步。

嵩山少林

郑长春 | 文

【作者简介】

郑长春，笔名“老枪”，河南社旗人。先后就读于陕西国贸专修学院文秘专业、西北大学文学院汉语言文学专业，现为中国青年文艺学会顾问、中国散文学会会员、陕西省作协会员。现供职于陕西省委政法委《政法天地》杂志社。

一

在中国的名山大川中，中岳嵩山实在算不上最高峻的山岭，但因其苍茫之中耸立一座寺庙，便显得与众不同了。山不在高，有仙则名嘛。

于是，山和寺便有了内涵，有了禅意，有了说不尽、道不完的传奇。

当然，也有了熙熙攘攘、匆匆忙忙的脚步。

记忆中的嵩山少林，还是我在七八岁时从《少林寺》《南北少林》等武侠电影中知道的。那时，我并不知道威震天下的少林古刹就在离老家很近的中岳嵩山，而且是“天下第一名刹”。

一睹少林风采，便成了我的梦想。壬辰年春，终于梦想成真。

二

汽车还在烟雾缭绕的盘山公路上穿行，我就远远地看到那巍然耸立的北魏嵩岳寺塔了，不禁倒吸一口冷气，突然想起《诗经》中的“嵩高维岳，峻极于天”来。聚精会神数之，约有十五六层，浑圆的塔身在青山绿树的环抱中定格为一处风景。

走过几所武术学校及少林寺武术馆、少林科幻探险馆，就到了少林寺大门。只见门额上方横悬康熙大帝御题的“少林寺”匾额，苍劲有力，雄浑刚正。门前石狮两座，系清代雕像。山门的八字墙东西两边，互相对称有两座石坊，东坊外额书“祖源谛本”，内额书“跋陀开创”；西坊外额书“嵩少禅林”，内额书“大乘胜地”。

据史书记载，少林寺始建于北魏太和十九年（公元495年），北魏孝文帝拓拔宏为避北方柔然族南侵，便于控制中原，消除鲜卑族和汉族间的隔阂，决意迁都洛阳。当时寺院有1367所，信佛之风盛行，少林寺乃孝文帝为安顿印度高僧跋陀而敕建。

魏孝明帝孝昌三年（公元527年），南天竺高僧菩提达摩从海路抵广州，历经三年，跋山涉水，后至少林寺，面壁九年，首传禅宗，被尊为“中国禅宗初祖”，少林寺从此成为“中国禅宗祖庭”。

佛教在中国汉族地区的传播过程中，逐渐形成了八个主要流派，而禅宗是其中影响最大的一个。作为一种外来宗教，禅宗之所以影响最大、流传久远，这与禅宗教义和修行方法简单易行密切相关。

进入寺院，首先映入眼帘的是一遮天蔽日、粗有数丈的千年银杏树，把整个庭院掩盖得神秘而圣洁。树旁有一大殿——天王殿，外塑两金刚力士像，俗称哼、哈二将，内塑四大天王（也有人叫“护世四天王”）。按佛教的传说，印度须弥山有四峰，各有一王居之，各护一方天下，是保护佛教、保护众生的神。持宝剑者称风，名南方增长天王；抱琵琶者称调，名东方持国天王；握幡伞者称雨，名北方多闻天王；缠蛇者称顺，名西方广目天王——合起来即“风调雨顺”，体现了中印文化的交融。可惜，民国十七年（公元1928年）军阀混战，国民军石友三火烧少林寺，天王殿未能幸免。我们看到的天王殿是1982年重修的。我的心情有些失落，不知高高在上受人敬仰的“四大天王”有何感想。

实际上，佛教作为一种外来文化，也必然随着中国历史的治乱兴衰而历经考验，少林寺也是命运多舛，数废数兴。

据资料记载，历史上少林寺曾四次遭到严重毁坏。第一次是公元574年即北周武帝建德三年，武帝禁佛，寺庙被毁。第二次是唐武宗会昌年间，武宗禁佛，迄唐末五代，寺庙又见衰颓。第三次是元末农民大起义，少林寺僧众被遣散，寺庙荒废。第四次是1928

年，军阀混战，石友三一把大火，焚毁了天王殿、大雄宝殿、法堂和钟楼等多座建筑。与上述毁坏相对应的，少林寺也曾获得过多次发展的大好时机。第一次是北周静帝大象年间，静帝重建少林寺，易名“陟岵寺”。第二次是隋朝大兴佛教，复“少林”之名，赐良田百顷。第三次是少林武僧协助秦王李世民征伐王世充有功，获得优厚封赏。第四次是元朝仁宗皇庆元年（公元1312年），仁宗帝命福裕和尚住持少林，一时间中外僧众云集，演武礼佛，兴隆异常。第五次是明代先后有八位皇子到少林寺出家，因而屡次诏令大修。第六次是改革开放后，国家投巨资对少林寺进行了大规模修复重建，现已形成了以山门、天王殿、大雄宝殿、藏经阁、方丈室、立雪亭、西方圣人殿等为主的建筑群，使千年古刹焕发出了新的光彩。

三

循着嘟嘟木鱼声、悠然诵经声，我知道，前面红墙飞檐的便是大雄宝殿了。大雄宝殿是少林寺佛事活动的中心场所，与天王殿、藏经阁并称为“三大佛殿”。

大雄宝殿殿内供奉释迦牟尼佛、东方药师佛和西方阿弥陀佛。大殿正中屏墙后壁悬塑观音像，左右山墙下列坐十八罗汉。殿后两侧，有钟、鼓二楼，均四层，玲珑古雅，金碧辉煌的琉璃瓦上雕有飞禽走兽，雄伟挺拔，内分悬有千斤钟、鼓，寺僧每日击撞报时。登楼极目四顾，远山近景皆一览无余。

西方圣人殿，又称“千佛殿”，是少林寺里现存最大的佛殿，内供毗卢佛像，故又名“毗卢阁”，始建于明神宗万历十六年（公元1588年）。殿中间大型木制神龛中，供奉着明代铜铸莲花座毗卢佛像，即释迦牟尼像。神龛上悬匾额乃乾隆皇帝御书“法印高提”。殿内东、西、北三面是明代绘制的“五百罗汉朝毗卢”大型彩色壁画，面积约三百平方米，十分壮观。

最令人惊异的是，殿内地面上分布着密而有序的脚坑，我粗略地数了一下差不多四十多个。一僧人旁边告知，脚坑系当年寺内武僧练武时站桩所留，因清代禁止民间习武，少林武僧只好在最隐蔽的西方圣人殿内习武。

与脚坑一样传奇的立雪亭不能不看。方丈室与西方圣人殿之间，有一庄严肃穆的殿宇，四周皆松柏，门前铺石阶，红漆斑驳的大门上横着铁锁，隔门细望，见殿内神龛中供达摩铜坐像，上挂“雪印心珠”四字。相传，此地是二祖慧可立雪断臂求法的地方。

立雪亭面阔三间，通高近九米，始建于明代，1980年翻修。当年，有个高僧叫“神光”，少为儒生，博览群书，通达老庄之学，出家后精研三藏内典，造诣颇深。40岁时追随达摩到少林寺，虔诚求法被拒。但神光并不灰心，仍然不离达摩左右，日复一日、年复一年地精心照料达摩。直到公元536

年冬天的一个夜晚，达摩坐禅入定，神光侍立亭外，双手合十纹丝不动，大雪埋没双膝也全然不顾。第二天早上，达摩开定后便问神光："你久立雪中，所求何事？"

神光泪流满面："只求师父慈悲，传授真法。"

达摩暗示天机道："要想我传法于你，除非天降红雪。"

神光即抽出戒刀，自断左臂，滴滴鲜血，染红了地上的白雪。

达摩深受感动，便将佛学真谛和法器悉数传给神光，并取法名为"慧可"。自此，佛教禅宗在中国有了自己的传法体系。

现在，立雪亭已作为少林寺著名景点对外开放，但我始终不解，那时那地神光为何非要自断其臂，达摩方能信其心诚？

这使我想到了早期的许多佛教故事，都是一开始带着点血腥和残忍的，从释迦牟尼苦修悟道到舍身饲虎，从因果报应的生死轮回到十八层地狱的永不超生，没有进入中土前的西域佛法，总给人以阴冷和压抑的感觉。布满慈光的佛教，则是到了中国以后，以禅宗的形式大放异彩。

这一切，始于少林寺。

四

我屏着呼吸，在立雪亭外静静驻立良久，这里没有风声没有雪影，但见一簇簇游人穿来走去，或拾级而上，或合影留念，或烧香磕头，或呼朋唤友，或卖吃叫喝，红男绿女、达官贵人、贩夫走卒，摩肩接踵，窃窃私语，然后叽叽喳喳而去，全无佛门净地的清幽之意。

一时间，竟让人如堕五里雾中：这究竟是一座千年古刹，还是热闹的娱乐场所？

不过，转念一想，也就顿觉释然。

我们知道，禅宗在其诞生地印度没有开宗立派，却在少林寺成为中国特色的名流宗派，这固然跟达摩的创新有关，但也跟中国几千年来热闹而鲜活的世俗社会有着深刻

的联系。在传教过程中，菩提达摩摒弃了印度佛教惯常的阶梯修行方式，主张人人都具有“本性”即佛性，人人都具有成佛的智慧即“菩提”，人人都能够通过“觉悟”而成佛，尽管何时豁然大悟难以料定，一旦“拨开迷雾见青天”，明心见性，即可成佛。

这就把佛变为举目常见的平常人，与普通老百姓十分亲近。禅宗“衣钵”相传，又经历了二祖慧可、三祖僧璨、四祖道信、五祖弘忍，到六祖慧能时，连坐禅都免了，认为顿悟并不要求离开现实生活，“举足下足，长在道场，是心是情，同归性海”“提水砍柴无非妙道”，在日常劳动生活中都可以顿悟成佛了。由此，禅宗的群众基础更加广泛。

这一套创新理论，一旦与中国儒家的修身、道家的习气结合起来，再放到中国世俗社会里一交融，佛法便少了宗教的庄严感，而增添了几分人间的烟火气。把佛变成了芸芸众生中的平常人，我们生活中的每一个人都在修行，谁能说这不是禅宗带给我们的最大启示？

思忖间，不觉到了塔林。

这里埋葬着少林寺的历代高僧，也是国内现存规模最大、塔形最全、时间跨度最长、保存最为完整的少林寺祖茔。据记载，现有唐、宋、金、元、明、清各代墓塔二百多座，每座塔下都埋葬着一位高僧的灵骨或衣钵。因为这些塔有高有低、有大有小，形制各异，散布如林，故称“塔林”。

导游还给我们讲了一个故事。乾隆帝游少林，问：这些塔为什么都不一样？住持答：按照佛制，僧人圆寂后，依据生前地位、佛学修养、经济情况等确定形制和大小。乾隆又问：一共有多少塔？住持说：没有确切数字。乾隆就命五百御林军每人抱一

座塔，剩下多少人一数不就清楚了吗？结果五百御林军没够用。原来，树密塔粗，常有两人相向抱塔而不得知者。

我细心望去，塔型有六角五层的，也有四角七层的，还有一些难以叫上名的石塔。塔身刻有文字，大概记载着这座塔的主人名字及建塔背景。地面上卧着一层柔和的草，游客如织，轻移步履，遥想当年少林寺十三武僧在此地救唐王李世民时的刀光剑影，心底油然涌起一脉激情。

这些塔，石基坚实，气势昂然，间或有苍松翠柏相护，一些荒草和树叶蓬勃其上，林林总总，隐隐约约，显出饱经历史风雨的沧桑模样。

“心依六禅静，寺据万山深；树古风留籁，地灵夕作阴。”在中国，有几人能配得上以塔作碑、顶天立地呢？

五

巍巍嵩山，幽幽古寺。山有寺而奇，寺因山而名。华夏中岳，禅宗祖庭。“嵩高维岳，峻极于天”，这是《诗经》中的嵩山。其实，早在约三十六亿年前，当所有的陆地还在海平面以下的时候，中岳嵩山就腾空而起，傲立世间了。

地质学家的考察结果，更具有强大的说服力。

无疑，它是万山之祖，见证了地球生命的演变，是上苍赏赐给人间的一块“活化石”。

最妙处，这座山上，至今保存着中国四大书院之一的嵩阳书院、佛教禅宗祖庭少林寺、道教策源地第六小洞天中岳庙，儒、释、道三教荟萃，历经岁月风雨，已融合成

中国独特的文化景观。

而且，我认为更值一提的是，中国现存最古老、最完好的天文建筑观星台也在这里，真正地把中国哲学思想中“天人合一”的信念表现到了极致。嵩山现在的行政辖区是河南省的登封市，这个名字与嵩山一联系，便有了点“登峰（封）造极”的味道。

在自然界中，天地人三者是相应的。《庄子·达生》曰：“天地者，万物之父母也。”《易经》中强调三才之道，将天、地、人并立起来，并将人放在中心地位，这就说明人的地位之重要。

我更相信，这里的人即是佛，佛即是人。

因为，天有天之道，天之道在于“始万物”；地有地之道，地之道在于“生万物”；人不仅有人之道，而且人之道的作用就在于“成万物”。具体地说，天道曰阴阳，地道曰柔刚，人道曰仁义。

天地人三者虽各有其道，但又是相互对应、相互联系的。这不仅是一种“同与应”的关系，更是一种内在的生成关系和实现原则。

天地之道是生成原则，人之道是实现原则，二者缺一不可。如果说，嵩山是茫茫宇宙“天造地设”的一顶桂冠，那么，少林寺就是这顶桂冠上一颗璀璨的明珠。

这颗明珠，闪动着自然灵气、文明之光，更闪动着佛语禅心！

我们沐浴慈光，心怀敬畏，迎风看水，赏武听禅，放下一切杂念，静静感悟禅宗的奥秘，不知不觉，斜阳西下，已烟雾袅袅。

真想快步穿越山林，登甘露台，谒观星台，拜中岳庙，当然更想看一看那高深的达摩洞。遗憾的是，天色已晚，而达摩洞又在塔林西北的石崖深处，不禁满眼泪花：那究竟又该是怎样的一方藏龙卧虎之地呢？

此刻，嵩山无语，少林无语，只有幽幽香火飘荡眼前……

群山有禅意

贾国勇｜文

2012年12月初，由河南省范县人民政府主持召开了《糊涂县令郑板桥》剧本研讨会。作为一个编剧，最高兴的事儿莫过于剧本要投入拍摄了。在这次研讨会上，我写的这个剧本得到了大家的一致好评，高兴得我心花怒放，几乎要手舞足蹈起来了。正想着怎么感谢大家的鼓励呢，与会的中央电视台的著名编剧杜力老师提出去少林寺看《禅宗少林·音乐大典》的建议，我立即应承下来，说这事儿由我来负责，保证让大家吃好喝好玩好。

据相关介绍，《禅宗少林·音乐大典》大型文化演出项目就在距登封市西十公里处的待仙沟，距少林寺七公里。由曾获得奥斯卡原创音乐奖的音乐大师谭盾进行音乐设计，并作为艺术总监进行提纲挈领的指导；整个作品由成功策划《印象·刘三姐》的著名策划人梅帅元制作。说起大学教授易中天，大家都知道，是他把央视的《百家讲坛》讲成了“圣坛”，而今，易中天也已然成了整个《禅宗少林·音乐大典》的禅学顾问，而少林寺方丈释永信则担纲总顾问。

我从北京回到郑州已三年有余，好歹也算大半个郑州人了吧？但是，尽管这《禅宗少林·音乐大典》对我来说如雷贯耳，若真是让我抽出时间专门去看上一眼，还真的难以成行——一则是那《印象·刘三姐》已经败了我的胃口；二则工作确实忙，还真的抽不出时间来。

这一次则不同了，一则是自己兴致勃勃，二则是大家有这个要求，顺水推舟，我们就从范县坐车，一路西行，过黄河经郑州，一路奔波来到了少林寺。按计划是白天在少林寺参禅拜佛，晚上欣赏《禅宗少林·音乐大典》的演出。当大家在少林寺游览的时候，我立即给少林寺的监

【作者简介】

贾国勇，笔名“释演永”“游勇”，河南淮阳人。中国作协会员。著有“中国当代刑侦大师系列”《测出的不仅是心跳》《致命谈判》《谜底就在现场》《命案现场》《神探》《心灵捕手》，“反腐长篇小说系列”《市长命案》《市长夫人》《市长官邸》，散文集《立地成佛》。创作投拍了电视剧《捕狼人》《命案现场》《完美指控》等。

院延裕师父发了一个短信。

几年前，我写了一本名叫《立地成佛》的小册子，因缘殊胜，经我的老领导张志公先生介绍，延裕师父为我的这本书题写了书名。因此，得以经常受延裕师父加持智慧，并解脱了众多的烦恼。所以，当和众人来到少林寺后，我就给延裕师父发短信，请他推繁拨冗接见，以期亲耳聆听教诲。

没想到，延裕师父接到我的短信后，立即回了短信，说他正在洛阳弘法，不能回寺里见我，说他的助理延吉师父正在《禅宗少林•音乐大典》演出场地旁的加持道场等候，请我和客人们到他的加持道场喝禅茶。

延吉师父是个年轻的和尚，出家前是河南省偃师市的农民，自幼在少林寺出家做武僧，功夫甚是了得。2012年春天的时候，商丘市检察院的孙向阳带几个武汉大学的博士生同学到少林寺游览，我是陪客。也就是那时，我有幸和延吉师父结缘相识。我发现他尽管不善言谈，而且言语迟钝，但是，当讲起少林寺的历史与文化来，他却如数家珍，条理非常清楚，让同行的几个博士生为之敬佩不已。

所以，听到延裕师父说由延吉师父接待我们后，我心中非常高兴。

延吉师父也接到了延裕师父的电话，当我们的汽车在《禅宗少林•音乐大典》演出现场前的停车场停下来，我远远就看到了延吉师父边向我招手边跑了过来，非常热情地把我们引进了加持道场。

“加持道场”是个新名词，应该和过去所说的“精舍”意义差不多。偌大的一个房间里布满了佛家的事物，装点得加持道场金碧辉煌，当然还有那些古色古香的佛家道具，檀香木的佛爷、金光灿烂的弥勒佛，还有唱佛机中唱出的悠扬梵语，无不给加持道场增添了神秘色彩。进门则是一个香烟袅袅的佛龛，佛爷的笑容是那样慈祥和端庄，迎接着每一个前来朝拜的佛子。

对于加持道场和《禅宗少林•音乐大典》的关系，可谓是高僧依山而居，大典傍高僧而名。延吉师父说，打理《禅宗少林•音乐大典》的一方邀请延裕师父在这里开加持道场，其目的就是为了弘扬佛法。

就这样，在加持道场喝了延吉师父沏的禅茶“紫方袍”后，我们就沿着曲曲弯弯的山道来到了《禅宗少林·音乐大典》演出现场之外，交了银子若干买门票。这个时候，《禅宗少林·音乐大典》已经开始，浑厚的乐声震颤着还没有走进演出现场的我。两三年前，我曾经有幸参加了中俄两国的文化交流活动，在国家大剧院欣赏充满了俄罗斯风情的演出，多少年过去，让我记忆最深的还是国家大剧院那环绕的音响、庄重的演出氛围，以及静耳聆听场景宏大众然无杂音的受众素养。那个时候曾经天真地认为，也只有到了国家大剧院才能如此静下心来倾听一场音乐，思绪随着音乐的灵动飞翔，和音乐的意境融为一体，疲惫的灵魂才可以停下匆忙的脚步得到片刻的歇息。

走进《禅宗少林·音乐大典》演出现场，你会有些不同的感觉。它不同于国家大剧院，不同于云南的《印象·刘三姐》，更不同于开封的《东京梦华录》、山东泰山的《封禅大典》。它没有奢侈的铺排，仅是群山之中搭建的舞台，那山中轻吟的牧羊女、山道上快乐求学的孩童，还有农家院中习武的少年、古树下打坐参禅的老僧，无不是剧中人物、大典的音符。还有山溪边跳跃的牛羊、飞翔的苍鹰、奔走的骏马都是舞台上的演员，把我们从现实带到了远古，从繁杂的红尘带到了清静的世界，再也没有两耳的喧嚣，听到的是悠然的钟声、水流的淙淙，闭上眼睛，犹如回到了千百年前，那山那水那人，还有诗者的吟唱、哲人的关怀一齐涌了上来。

舞台就布在群山之中，两座山犹如台柱分列了左右，远处的一座山则成为舞台的背景，隐隐约约间，山中的寺院、林中的村落，形成了一个天然的舞台。央视曾经播放过一则广告，说“心有多大，舞台就有多大”，在这里，舞台之大不仅让你的视线无穷，你的灵魂更如大海中的一条鱼可以任意游弋。有工作人员领观众坐上蒲团，面前的老僧开始引导你盘腿坐禅。整个演出中，老僧如扎根于岩石中的松一样，任山中的风吹来，音乐响起，掌声雷动，老僧依然故我，一动不动。几个小时过去，让人怀疑那僧人是否泥塑，不然怎会对这个世界没有一点反映？走近看时，发现偶有衣袂飘飘，拍打老僧的脸颊时，深深的皱纹才有自然的抽搐反应，你才明白面前确实是得道的高僧，不由得你心生膜拜，就近坐下，与之进行灵魂的交流。

故事一幕接着一幕，得道高僧的传经布道气势宏伟，参禅的小和尚亦步亦趋，印证着佛祖走过的道路；音乐响起处，少林武僧的呐喊吆喝振聋发聩，那音乐却随着一招一式击打贯穿人的耳膜；炊烟起处，有农人荷锄下田，浣纱的绣女点缀在村旁的河流，再现了一幅桃源胜景。随着音乐的渐趋变化，伴着灯光变幻出的四季，你的眼前已经不是演出的舞台，而是群山环抱的一方圣土、仙乐环绕的极乐世界。

有人问我禅是什么，我对他说禅是智慧，是可以悟透人生哲理的大智慧；有人问我佛是什么，我对他说佛是底线，守住底线就守住了心中的佛，就再没有邪魔的侵扰，可以进入永无烦恼的极乐世界。

人们都说登封因为少林寺而出名，当地的禅学文化浓厚，“禅宗少林•音乐大典”正是弘扬佛教的载体。确实如斯，驱车到少林寺后，处处无不是谈禅说道的场景，即使是叫卖旅游商品的农妇也能给你说上两句禅语，如《维摩诘经》所言“令问维摩，闻名之如露入心，共语似醍醐灌顶”，即使是再高的佛学修养也不敢在少林寺前班门弄斧谈禅论道。

真正悟得些道理，是在这《禅宗少林•音乐大典》的演出现场。坐在蒲团之上，你会发现，眼前的音乐是禅，流水是禅，随风飘落的树叶、漫山遍野的山茶、悬崖绝壁上的苍松翠柏，都是禅；还有那山中的牧羊女、修行的僧人、读书的孩童，不都是在讲述着禅吗？

“咔嚓”，一声苍凉的金属击打声，把我拉回了现实的世界。这个时候，我才明白《禅宗少林•音乐大典》的魅力所在：何止是看演出？《禅宗少林•音乐大典》就是宏大的修行道场，我们这些观众不正是在佛家的道场修行吗？

洞林岁月

董 柯 | 文

它是由仅剩的零零星星的古建筑构织的历史，就如藏家手中的一幅旧画，失去了往昔鲜亮的色泽与恢宏的气势，仅剩下一个单薄的画框支撑着，诉说着它曾经存在过的事实。

古老的庙宇寂寞地坐落在偏僻的沟壑里，默默地守护着历史。它太沉默了，以至于极少有人知晓，唯有观光客途径、偶遇了这里，好奇地看看庙门上的刻字，才知道它叫“洞林寺”。

寺院败落，不多的几处建筑零散而居，整体布局上已看不出中国传统的对称美；也只有辗转到附近的高坡上，远远俯视，方能觉察出它盛世当初的辉煌模样。

庙门前是一片白杨。不知经了多少年的沉淀，白杨的主干上系着历史的尘烟，翻飞哗响的树叶像在对每一个慕名而来的人诉说着洞林千年岁月的风烟俱净。

进庙，向里走半公里，是一片碑林，岁月的泪痕在石碑上留下了深深的印迹，穿透千年的文字

【作者简介】

董柯，河南郑州人。自由职业者。

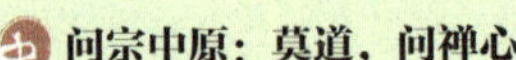

已经在光阴的折磨下，显得干枯、褶皱、残败，仿佛一切都太远太远，远得已淡出我们的视线。只有驮着石碑的石龟，还能让人依稀看清它的轮廓，荒草的参差表达着它的年迈。完整的石碑只有几座，其余的都伤痕累累，疲倦地躺在乱草中，静静地等着石料工匠把它们搬走修复雕琢，或是被附近的村民随意地拉走，用作建自家房子的基石。

荒凉的寺庙里原是有几位僧侣的，可时光照在佛像身上，却忽略了守望佛像的僧侣，他们受不了这无边无际的寂寞，纷纷离开投了他寺。偶然间，发现一本打了褶皱的僧客名录，随意翻翻，一个名字出现在我的视野内——朱元璋——那个明朝的开国皇帝。那是一个具有丰功伟绩的人，可在寺中碑文里，关于他如何建立一个辉煌王朝的事却只字未涉。中国人是讲歌功颂德的，但历史怎偏偏在这里埋没了他的辉煌？这也许就是佛语中的无人、无尔、无我的清高吧！

生命如果与戎马连成一条线，那么刀剑便成了生命的脊柱，拼杀中绣出锦绣河山。生命如果与禅学连成一条线，那么佛教便成了生命的信仰，隐忍中绘出辉煌人生。

一座庙，一个人。戎马、刀剑，禅学、佛教，是两个极不相关甚至针锋相对的领域。一个是拼杀、谋略，一个是修身、隐忍，它们的矛盾与冲突，却在他的生命里消融，合为一体。

元朝末年，社会动荡，狼烟四起，元王朝应付着民不聊生，对付着四面楚歌，正一步步走向灭亡。历史证明，兵荒马乱的年代里总能走出两种人：一种是英雄；一种是枭雄。因为这段光阴不平凡，需要有一个安天下、治天下的英雄，去一统纷乱的江湖，收拾破碎的河山，再建新邦；也需要有一个乱贼，去搅乱天下，去颠覆昏庸腐败的王朝。朱元璋就是在这个时候从历史中走了出来。洞林寺里的一块石碑上，寥寥数字，记载了一段历史、一个故事、一种传奇。

在北山的一眼窑洞内，出生了一个婴儿。虽然他老家在安徽凤阳，但他母亲的娘家是洞林寺附近村的。当年，因凤阳遭遇灾

荒，加之元末兵荒马乱，瘟疫流行，这个婴儿的父亲和几个哥哥都已先后死于瘟疫，他的母亲怀着他辗转来到这里，在那个洞里生下了他。从此他便与近在咫尺的洞林寺结下了不解之缘。

这个婴儿便是朱元璋。

7岁之前，朱元璋天天吃住在寺里，聪明过人，干活勤快，老和尚见他小，就让他每天打扫禅堂，他总能做到窗明几净。小小年纪的他在每天的打扫中也学得了隐忍，学得了细心，学得了善待他人、普度众生。不知是历史的复制错误，还是野史的杜撰，他打扫禅堂时佛像都能自己出去让他扫堂。寺里的元觉大师就曾亲眼见过朱元璋“请神出庙”，事后，大师心惊肉跳地告诉朱元璋，他佛缘已尽，世俗假托，天意难为，他还是还俗罢了。

石碑上记载的这段故事，一直是让人津津乐道的传奇，洞林寺在故事的包装下也越发透着神秘。

在洞林寺这个结上，朱元璋把它与戎马、人生连成了一条线，绵延千里连出了中国的界线，连出了一代王朝。因此，别人或许会忘了这里，但明太祖朱元璋不会。他无疑与佛教是有缘的，生于洞林，长于洞林，从洞林走向成功。成就帝业后仍眷恋着这座寺庙，于是诏命国舅住持洞林寺，并拨官地五顷，永不起赋。洞林寺盛极一时。

清嘉庆年间，中原一场罕见的大地震后，洞林寺的建筑坍塌殆尽；紧接着，便是清末及民国时期的连年战火摧残，终于，曾经占地千余亩的洞林寺只留下了两座殿、一古塔、一玉佛、一鼎和几块躺在草蔓中哭泣的石碑……洞林寺的地位、价值、盛大几乎全都留在了过去，留在了史书中，让我们遥遥地拜祭、向往。

尘埃落定后 我们能看到什么……

贾国勇｜文

【作者简介】

贾国勇，笔名“释演永”“游勇”，河南淮阳人。中国作协会员。著有“中国当代刑侦大师系列”《测出的不仅是心跳》《致命谈判》《谜底就在现场》《命案现场》《神探》《心灵捕手》，“反腐长篇小说系列”《市长命案》《市长夫人》《市长官邸》，散文集《立地成佛》。创作投拍了电视剧《捕狼人》《命案现场》《完美指控》等。

看到大海寺，我立即把车停了下来。

本来没有计划到大海寺的。女儿在河南财经学院读大一的时候，河南财经学院正在建设，新生借读在荥阳边的一个什么技术学校。这地方离市区远，却距荥阳很近；从老家周口淮阳县搬来郑州后，假期里不知道去什么地方转一转，女儿就提议我们到荥阳，说荥阳有李商隐公园，还有刘禹锡墓，值得一看。就这样，为了看李商隐和刘禹锡，我们全家开着车就来到了荥阳，没想到竟看到了大海寺，我眼前一亮，就停下了车。

我和大海寺应该有缘。“卢氏茶叶”河南分公司的老总李本随有个做建筑的朋友姓孙，我们大家都叫他“孙总”。有一日，我们几个一块在“卢氏茶叶”蹭茶喝，说起我是个皈依弟子，孙总就说他在荥阳边的大海寺投资建寺院做善举，当时我心中非常崇拜。过一段后，我们公司在南乐投资了一个3.5亿的项目，老板全盘交给我管理。孙总找上门儿来，还给我送了二斤“正山小种”，说是要想办法拿下这个工程。我让他参加竞标，结果他没有中标。后来，我们就不再联系了。

尽管不知道大海寺，也没有计划到大海寺拜佛，但是，看到大海寺后，我脑中立即就闪现出了那位孙总，想到了那二斤至今仍余香在口的“正山小种”。机缘巧合，我就这样走进了大海寺。

人们都说没有荥阳就没有郑州，郑州是在荥阳厚重文化底蕴上成长起来的。这话不假。荥阳是中国郑氏的祖地，郑国开国后的三代君主郑桓公、郑武公、郑庄公被郑氏后裔尊称为“郑氏三公”。郑州的“郑”字如果没有荥阳的支撑，怎么能立起来？如果说历史古迹，郑州还真的

找不到多少，但如果放马荥阳走一遭，仅是佛家道场就有十几处。

如今的大海寺就在荥阳“郑氏三公”像的东南角，紧邻310国道，背靠青龙山。大海寺原名“代海寺”，说是观音菩萨北行普度众生时，为弘法利生使众生皈依我佛，多次在荥阳显圣示人，让荥阳护城河里的水随大海潮涨潮落，幻化南海普陀山胜景。众生归心，募集善款，在此开山建佛教道场，名为“代海寺”。一时间，代海寺内红花绿树遮蔽，鸟语花香盈门；梵音缭绕观音道场，佛塔放光护佑荥阳黎民，是中国最早的一座佛教兰若。

有传说称，唐太宗李世民本来就是佛子转世，如那西天取经的唐三藏，是金蝉子化身，所以，许许多多的寺院历史总会和李世民紧紧地连在一起，向我们这些世间俗人示法，从而达到正信。代海寺改名“大海寺”，同样和李家天子有关系，并且，这种关系，因了荥阳方面投资的一部电影，已经演绎得荡气回肠。

在李渊来荥阳做荥阳太守之前，代海寺住持永安大师在采药归来的山道上，捡到了一个被弃的女婴。我佛慈悲，永安大师把女婴带回寺院后，交给了药香阁的郑嫂医治抚养，随郑嫂夫姓“郑”名“凤”。六年后，李渊携全家从长安来到荥阳，为儿子李世民请来了郑先生立家馆教书。当时，郑凤和李世民同岁，跟随父亲读书在荥阳太守府，和李世民两小无猜、相伴甚悦。

李世民10岁的时候，突然患上了眼疾，多方医治无效，眼看着就要失明，李渊非常着急。有病乱投医，李渊听从夫人窦氏建议，带着李世民到代海寺求观音菩萨保佑，承诺为观音菩萨重塑金身。永安大师告诉李渊，自天下安定以来，代海寺日渐香火旺盛，重新修缮了天王殿。现在，建好的天王殿里还缺少一尊弥勒佛像。听了永安大师的话，李渊对永安大师承诺说，只要观音菩萨能保佑李世民的眼疾得愈，他愿捐白玉弥勒佛像一尊，供养在天王殿中。

“……永安大师从寺院甘露井中取出珍藏的药瓶，用银簪在十一面观音像前的大悲水中蘸了一下，挑药在世民的手心、胸口和眼中共点五下，让世民跪在观音像前念九遍六字真言——唵嘛呢叭咪吽……”这段话记载在重建大海寺的碑记中。如今，这通隋代时期镌刻的石碑就存放在河南省博物院内。与石碑同存河南省博物院内的还有李渊捐赠的那尊白玉弥勒佛像，佛像背后还能看到相关的记载。

神话般的记载之外，在真正刊于史书的记载里，代海寺的出现是在北魏孝昌元年（公元525年）。唐高祖李渊捐造弥勒佛像后，代海寺开始了第一次的鼎盛，到唐穆宗时，代海寺达到了辉煌的顶点。到唐武宗“会昌法难”时，代海寺开始走下坡路。但是，因了唐高祖李渊当年的青睐，当其他的寺院惨遭劫难时，佛法之火还能在代海寺持续燃烧。

如今，当你走进郑州博物馆，一睹当年代海寺佛像的圣颜时，你一定会被那惊世骇俗的美丽所倾倒。大唐女人尊崇的略显丰腴的美丽面容、纤细的腰肢和华丽的服饰，都在这里展现无遗，雍容华贵之中显露的不是对下层的蔑视，而是慈悲众生的忧愁和怜悯。透过这些美轮美奂、光彩照人的石造佛像，我们可以想见当年大海寺佛法的兴盛。

作为佛子转世的李世民，观世音菩萨给予了他太多的关照。从少林寺的“十三棍僧救唐王”，到遇佛寺的“李世民蒙难”，再到这大海寺李世民治疗眼疾，观世音菩萨无时无刻不在李世民身边，成了李唐天子的护法。当李世民做了皇帝之后再来代海寺朝拜佛祖时，当年永安大师收养的弃婴郑凤已经长大成人，只是李世民做了天下人的皇帝，而郑凤已经成了一个人的延蓉师太，在佛古洞参禅悟道。

对李世民来说，在荥阳生活的日子是一段美好的时光，如今做了皇帝，就要把荥阳打造成一个人人向往的西方净土。在征求延蓉师太的意见后，李世民传旨要把代海寺扩建成一座规模如大海一样的寺院，改寺名为“大海寺”。猛将军尉迟恭奉旨扩建，根据延蓉师太“庙起庙止”的方案寻找四周的寺院。先是在大海寺西边找到了延蓉师太修行的佛古洞，向东找到了关帝庙，在南面找到了一座龙王庙。三个方向的边界已定，向北找时，却再也找不到寺庙了。当尉迟恭听到一个苏砦村的名字时，恍然大悟，苏砦的意思不就是“塑这”吗？于是，尉迟恭就把大海寺北门“塑”在苏砦了！

沧海桑田，时光之河奔过了上千年。当年的代海寺已经不在，重开山门的大海寺更加辉煌。

我在大海寺内观音菩萨塑像前点燃了一炷香，闭上了眼睛……

走进大海寺，没有如期见到那位孙总，却领悟了一些世间道理。花开花落，世间无必定之法，也无永续的色相，只有包容与慈悲的佛法不生不灭，才有了荥阳如大海一样的佛家信徒，如大海一样的菩提道场。这些，正是大海寺为普度众生而显示出的佛法无边。

多少心从巩县安

贾国勇｜文

【作者简介】

贾国勇，笔名“释演永”“游勇”，河南淮阳人。中国作协会员。著有“中国当代刑侦大师系列”《测出的不仅是心跳》《致命谈判》《谜底就在现场》《命案现场》《神探》《心灵捕手》，“反腐长篇小说系列”《市长命案》《市长夫人》《市长官邸》，散文集《立地成佛》。创作投拍了电视剧《捕狼人》《命案现场》《完美指控》等。

从遥远的平城（今山西大同市）迁都到洛阳，迫切需要的不仅有鲜卑旧服和汉家服装的替换，更有整个士族阶层的思想变革，鲜卑族和汉族的信仰融合，如果不能达到这个目标，那么，北魏孝文帝拓跋宏的改革算是彻底失败了。

为了这个目标，北魏孝文帝继文成帝开凿云冈石窟后，在太和十八年（公元494年）又开始了龙门石窟的开凿。而后，孝文帝又走出洛阳，率众臣来到了伊洛河交汇处的巩县，在靠近黄河的邙岭大力山下，开山修建希玄寺。

唐高宗龙朔二年（公元662年）镌刻的《后魏孝文帝故希玄寺碑》这样记载：“……昔魏孝文帝发迹金山，途遥玉塞，弯拓弧而望月，控骥马以追风，电转伊瀍，云飞巩洛，爰止斯地，创建伽蓝。”

魏孝文帝迁都洛阳后，首先做的不是迁都洛阳时选择的“进攻南齐”，而是休养生息，实现各民族之间的团结。“途遥玉塞，弯拓弧而望月”，可见其踌躇满志；“控骥马以追风，电转伊瀍，云飞巩洛”，更见其辗转迫切。大力山的风景优美，山水秀丽，是开山弘法的宝地；巩义民风淳朴，万众归心，是佛教慧命可续的群众基础。因了此，孝文帝下决心在此建一座丛林道场，使佛法一步步地走向中原。

佛祖总是给巩义更多的青睐。为写《行禅中原》一书，我考察了100所寺院，发现了这样一个规律：每当佛法兴盛，需要向中原行进的时候，总是把巩义当作跳跃式发展的第一站，来建设佛教的丛林道场。汉明帝永平七年（公元64年），天竺高僧摄摩腾、竺法兰离开白马寺来到巩义的青龙山，开辟了慈云禅寺，这是中国第一个民间寺院；然后北

魏孝文帝带领众臣又来到了这里……

2013年4月4日，适逢清明。趁着难得的小长假，我们一家人开车到洛阳的白马寺朝拜佛祖。从白马寺出来后，为了观沿途风景就选择走310国道，一路向东回郑州。没想到，车过偃师市区后，七拐八拐竟拐到了314省道上，在山里面钻来钻去，钻了好半天，出来时竟然发现到了康百万庄园。在康百万庄园的门前，我们看到了一块标有“石窟寺”的指示牌，牌子上面还写着“向右2公里”。

焉有见寺不拜之理？就这样，我们一家人走进了石窟寺。

在此之前，通过资料查阅，我知道石窟寺位于巩义市北15公里的黄河南岸、伊洛河畔的大力山下。从北魏孝文帝开山建希玄寺始，朝代更迭，寺名几易。唐时称为“净土寺”；到宋时，则称之为“大力山十方净土禅寺”；清代重修石窟寺时，因这里洞窟遍布，处处佛像，才称之为“石窟寺”，一直沿用至今。其背依邙山，面临洛河，水光山色秀丽多姿。晨钟敲起，荡动黄河水上迷雾；暮鼓响处，惊飞岸边草丛鸳鸯。所以，古人说石窟寺是“溪雾岸之幽栖胜地”，不仅是佛家修行的道场，更是一处休闲养生之地。

果然如斯！走近石窟寺，你听不到诵经的呢喃，也听不到梵呗的袅袅，即使是轻抬脚步也能听到大地沉重的回声。站在石窟寺的山门前，那满目的苍松翠柏昭示石窟寺沧桑的历史，粗壮的银杏树静静伫立则是不动的老僧。春天的花早早地开放在我的脚边，或许，这些花儿正是莲的化身，让我体会着步步生莲花的胜境！

站在石窟寺山门前，我看到了北魏宣武皇帝拓跋恪景明元年（公元500年）正月的日蚀让全国惶恐不安，也听到了二月时齐将胡松屯兵宛城、陈伯水军直逼寿春时的呐喊声。到了九月，齐州人柳世明造反，让宣武皇帝拓跋恪这个刚刚上任的君主感到了多事之秋的烦恼……

这一切都是天意吗？

于是，这个惶恐不安的北魏皇帝向佛伸出了求佑之手，果断决定在希玄寺“凿石为窟，刻佛千万像”，弘法求福。对于这次盛大的弘法行动，《后魏孝文帝故希玄寺碑》这样记载：“……拒巩西北，大河正南，邙麓之将有幸。其皇石水伊洛，清而流长；背山大力，秀而朝阳。自后魏宣帝景明之间，凿石为窟，刻佛千万像，世无能烛者数其焉……”

作为一种文化载体，众多的护法（或为信徒或为居士）可以使佛教得以源源不断地传承下来不至于湮灭，文化的符号也附着在佛教上面得以幸存。在石窟寺，你可以看到这里的佛像已经把外来佛教艺术同当时中原的艺术进行了有机的结合，和云冈、麦积山、龙门石窟相比，石窟寺的佛像摆脱了北魏早期的那种深目高鼻、秀骨清瘦的异域形象，其面貌方圆，神态安详，多呈静态造像风格，有了更多的中国元素。看到石窟寺的佛像，我们心中就会立即产生对北魏宣武皇帝的感激之情，如果没有他当年的决断，我们还怎么能透过这些如一千五百多年前的老照片一样的佛像，了解当年的社会风俗和人情物理？站在石窟寺中的石窟前，仔细观摩和凝视那一尊尊活灵活现的佛像，那些已经堕入黑暗冰冷世界中的历史，开始慢慢复苏，来到我们面前，和我们的灵魂进行对话。

这些佛像和我们这些游子交流了什么？从石窟寺走出来，我心中还在思考着这个问题。一个宣传石窟寺兼有名人留墨的小册子引起了我的注意，让我突然大悟。在这个小册子中，著名作家冯骥才为石窟寺题写了这样一首诗：

千古兴衰佛不语，
万众忧患石能言。
北魏到今千年过，
多少心从巩县安。

一句“多少心从巩县安”道了石窟寺的天机。《金刚般若波罗蜜经》云，“应无所住而生其心”，而六祖慧能在回答五祖弘忍禅师的问道时，一句“明心见性”让弘忍禅师赞叹不已。可见“心”在佛学中的重要性，其“安心”之说，亦成为历代禅学大家的传世衣钵。

北魏孝文帝拓跋宏开山希玄寺，安住了民族团结之心，他就可以得心应手地整理破碎的江山；北魏宣武皇帝拓跋恪景明元年开凿的石窟，安住了他稳定天下的心，才有可能把国家治理得民安其业、士归其途。也就是为了当年的那个“安心”的誓言，多少年来，巩义石窟寺一直是不显山不露水地寂寞在邙山一隅，守护着中华文明的一脉未断，让我们这些后来人可以在一段宁静的时光里安住其心，忘却红尘的烦恼，慢慢地品味着佛学文化的深邃……

感悟慈云寺

侯发山｜文

若非印度高僧摄摩腾、竺法兰，就难有“释源祖庭”千年古刹慈云寺；若非巩义市大峪沟镇有识之士慧眼识珠，开发重修，也不会有近客远宾们慕名继踵，纷至沓来，全身心领受慈云寺厚重的前世今生。

从310国道大峪沟镇钟岭村往南走，一条柏油路，百转千回，荡开蓊郁苍翠的沟壑峰峦，蜿蜒迤逦十多公里，像绿浪中跌宕起伏的玄色缆绳，末端连着焕然一新的慈云寺。这里四山旁围、一水中流、峰峦联亘、林木掩映，环境十分幽静。

慈云寺始建于汉代。据寺内碑载：“东汉明帝永平十年，有僧摄摩腾、竺法兰……云游其山，因其山月之秀，遂开慈云禅寺。”所谓“慈云”，是说佛之慈心广大如云，荫庇整个世界。慈云寺历经沧桑，或兴或废，一直延续至今，它经受了将近两千年的风风雨雨，成了引人遐思的古寺。唐贞观元年至三年（公元627年—629年），唐僧玄奘奉旨重修此寺。宋代香火仍然很盛。到了元代，由于战乱和灾荒，曾一度荒废。从明正统九年（公元1444年）开始，直到清同治五年（公元1866年），历代都有修葺。然而，虽经数次修葺，终不抵岁月的无情剥蚀。当年，大峪沟镇民权村企业家崔光显站得高，看得远，主动请缨，自愿担当，渐次撩开慈云寺神秘的面纱，以返璞归真的古寺文化为主题，挖掘深厚积淀，倾心传承发展，全力打造精品，在保留旧寺遗址的同时，融资恢复扩建，“小家碧玉”出落成“名门闺秀”，引得八方游客慕名前来观光拜谒。

庙院依山而建，幽偏适中，风格古老的建筑，与所依托的青山融为一体，那么幽静肃穆。种植在寺庙里的松、柏、云杉，与飞檐斗拱、佛

【作者简介】

侯发山，河南巩义人。河南省作协会员，巩义市作协主席，巩义市专业技术拔尖人才，现兼任《幽默讽刺精短小说》副主编。

楼法堂一起构成远离红尘的宗教风景。

驻足远观，那飞檐斗拱、鳞次栉比的大雄宝殿、藏经楼、钟鼓楼、白衣阁、僧舍和方丈室等殿宇寮房，错落有致，巍峨壮观，气势恢宏，夺人眼目。祖林由清一色的巨石砌就，金碧辉煌，雄伟大气，至纯至美。入寺则见雕梁画栋，镂金描银，神佛毕现，栩栩如生，庄严肃穆，美不胜收，令人叹为观止。而最能撼动人心的则是凝结于佛寺圣地中雄浑、厚重、恢宏的仙风灵气——清静。

当我们离开喧嚣的城市，来到这空气清新、绿树成荫的青龙山中，似乎又听到当年的钟鼓之声，大有心旷神怡、六根清净之感。清晨，幽谷静极，似能听到露珠滑动、草木拔节和蚰蜒爬动的细声；中午，游人比肩继踵，气氛虽显出热烈，但“清静”的主题却依然坚挺。这里，没有车马闹市的喧嚣扰攘，没有商海的坑蒙拐骗、斤斤计较，没有职场的攀比争夺、尔虞我诈，没有情场赌场的撕拽格斗、投机暗算……只有静谧的殿堂，检阅着游客静静的脚步、静穆的神情和静默的焚拜，时有檐铃叮当作响，衬得古寺更幽静。夜晚，星月无声，古寺入梦，蛙鸣、虫吟和不知名的夜鸟冷不丁儿的啼叫，伴随着小溪的潺潺流动声，声声唤出夜的沉静与寺的幽静……好一片幽幽净土！好一个世外桃源！

青山藏古寺

何海伟｜文

一

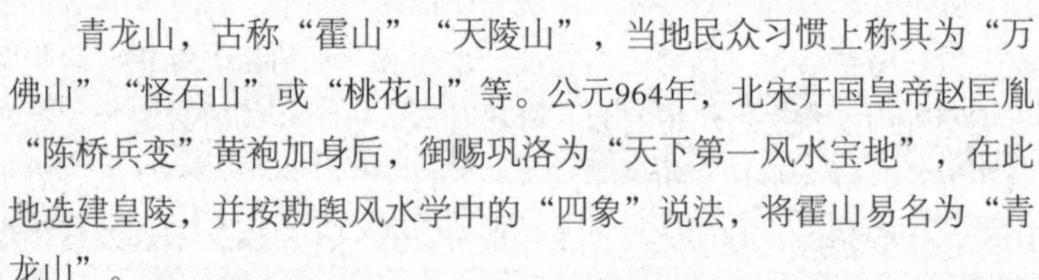

青龙山，古称“霍山”“天陵山”，当地民众习惯上称其为“万佛山”“怪石山”或“桃花山”等。公元964年，北宋开国皇帝赵匡胤“陈桥兵变”黄袍加身后，御赐巩洛为“天下第一风水宝地”，在此地选建皇陵，并按勘舆风水学中的“四象”说法，将霍山易名为“青龙山”。

青龙山气势磅礴，山势呈东南西北走向，远望犹如两条逶迤的飞龙，盘踞在中岳嵩山的北麓。这里龙腾圣地，青山碧水，自古便有“千岩竞秀，万壑争流”“峰峦联亘，涧溪萦回”“穹隆高耸，玉润云翔”等美誉。

这里有朝天阙、天然大佛、二老谈经峰、捧月湖、镇海峰、臣宰峰、风竹苑、龙吟桥、藏经洞、玉兔悬河、一线天等景观名胜；有杨家寨、安仁寨、忠义寨、元帅池等历史遗址；有慈云寺、玉皇庙等宗教圣地。这里，集美妙的自然风光、神秘的宗教圣地、悠久的历史文化于一身，而最著名的当数这里的慈云寺了。

慈云寺如深闺少女，隐藏在风光秀丽的青龙山腹地，四山旁围，一水中流，峰峦联亘，林木掩映。慈云寺历史悠久，据寺内石碑载：东汉明帝永平七年（公元64年），有僧摄摩腾、竺法兰建白马寺于洛阳城西之后，东游青龙山，因见其山月之秀，遂开慈云禅寺。

慈云寺堪称佛家文化的源头，被誉为“千年古刹第一寺”，与登封少林寺并称“南寺北寺”，与洛阳白马寺并称“上寺下寺”，

【作者简介】

何海伟，河南登封人。中学教师。喜欢简单安静的生活，喜爱用文字记录人生百味。常有诗歌、散文、小说散见于报刊和网络。

有“少林共祖，白马同乡”之称，享“释源”“祖庭”之誉。

后来，唐代的玄奘大师“奉敕重修”这一庄严宝地，并在此讲经说法。宋元时期多次奉敕修缮，至明代更是规模宏大。

然而，盛极而衰，民国时期，寺内佛像被捣毁，砖瓦木料被拆毁，就连寺中的一棵十围大小的古银杏树也被伐掉。20世纪70年代，慈云寺西谷数十座古塔全部被拆毁，只留下了部分塔基、塔铭和少数塔刹。慈云寺历经这诸番劫难，寺内古建筑几乎荡然无存，只有寺旁侥幸存留了一座疑似为宋代的残塔。90年代，人们在原址上重修了大雄宝殿、钟楼、鼓楼、过厅和僧房等。现代的复古建筑和那些残存的碑刻等古老遗迹，共同见证了这座寺院的历史沧桑。

慈云寺以“山形满月”为天体，融合天河、玉兔、桂树等形象，以方形的院落格局坐落于群山环抱之中，这种“天圆地方”的建筑理念，这种与自然环境的巧妙结合，体现了人与自然的和谐共处。在青龙山中部山脊凹腰处，修建有一座造型别致的青龙关山门。而在深山峡谷中，还筑有一道道拦河坝，高峡出平湖，如明镜，似宝石，熠熠生辉，为慈云寺增添了许多灵气。

这里远离城市喧嚣，神秘而安详。当你离开纷扰的都市，来到这空气清新、绿树成荫的青龙山腹地，似乎又听到悠远空旷的钟鼓鱼磬之声，不由得澄心静虑、神怡气爽。

二

全国各地同名为“慈云寺”的寺院有二十多座，但最早的当数这河南巩义青龙山的慈云寺了。至于慈云寺的得名，据《大唐三藏圣教序》的“引慈云于西极”，和《鸡跖集》中“如来慈心，如彼大云，荫注世界”的说法，我们习惯上认为，佛的慈悲心广大如云，覆盖芸芸众生。而青龙山慈云寺内保存的碑记中亦有：“意者开广大慈悲之门，云集四方授剃之众也。”这种说辞倒是另辟蹊径。

西汉末年，佛教从印度经西域传入中国

的艰难曲折，我们今天已很难想象。《西游记》中唐僧在神通广大的孙悟空等徒弟的护佑下，还要历经“九九八十一难”，才能取回正经。佛经上说，苦海无边。没有随随便便的成功，生活中的挫折和磨难才是人生最好的财富。

两千多年来，佛教的影响已经深入中国人的骨髓和血液之中，成为中国传统文化不可分割的一部分。儒家治世、道家治身、佛家治心，我相信，大多数人都会自觉或不自觉地受到佛教文化潜移默化的影响，不断地悟出一些禅意。当然，我不敢在这里妄谈禅机，怕亵渎了佛教的神圣，但“高山仰止，景行行止”，虽不能至，心向往之。

曾经，中国古代的文人敬仰西方的佛学，如李白自称“青莲居士”，苏轼自称“东坡居士”等。苏轼在贬谪期间，随便盖了一个茅草屋，当作修行的“精舍”。而现在很多中国人的心中，也都渴望有这么一间“精舍”，小桥流水、鸟语花香的“森林中的小木屋”。就像大多数奔着慈云寺而来的游人一样，与其说要朝圣拜佛、祈求幸福，不如说是观山乐水、找寻寄托，更不如说是要圆满心中的那个梦。喧嚣、杂居的现代生活时时需要获得安静的滋养和抚慰，而这种近似原始的纯朴而自然的环境，却是最好的灵丹妙药。

我第一次朝拜慈云寺，是在十多年前，和朋友一起。正值仲春，草长莺飞，欣欣向荣，迟开的桃花闪烁在崇山峻岭中，正是“人间四月芳菲尽，山寺桃花始盛开”之际。车行在崎岖的山路中，峰回路转，不知南北，不辨西东，犹如到了世外桃源。正在茫茫然不知所措之时，蓦然看见了这么一座古朴端庄的寺院，犹如见到了梦中苦苦追寻的神圣殿堂。

深山藏古寺，碧溪锁慈云。阳光从东边巍峨的山峰上斜射下来，金光灿灿，恰如千佛跃动，令人心潮澎湃。我耗尽半生苦苦寻找的东西，竟然在这里不期而遇。就像一个梦，一旦找到了它，我就乖乖地成了它的俘虏。

三

和位于通衢之地的少林寺、白马寺的车马喧嚣不同，慈云寺呈现给人们的更多是幽静和清净。虽然，这里也修通了可以直达寺门外的盘山公路，但这里毕竟远离城市的纷扰。心中有佛，无处不佛，如果说喧嚣中的清静是一重相对较高的佛门境界，那么，喧嚣之外的宁静则更容易让普通人顿悟禅机。

我总认为，虔诚的朝拜需要苦行。如果轻而易举地就可以达到的地方，反倒失去了应有的韵味。犹如耶路撒冷的圣殿山，犹如拉萨的布达拉宫，犹如开封的大宋皇宫，高高在上，超凡出尘。踏上一级级台阶，犹如一次次对心扉的叩击，在这种“劳其筋骨”的跋涉中，蒙垢的心灵被一点点荡涤，浮躁的思想被一点点平复。所以，步行去慈云寺，才算最有味道。

参观慈云寺，和朝拜大多数的宗教圣地一样，最好也要经过长途跋涉。脚踏实地，在一步一步的丈量中，静息，忍耐，思索；在一次一次的失望中，希望，振奋，敬畏。就在筋疲力尽之时，眼前突然一亮，它有如一位和蔼可亲的老和尚，笑盈盈地坐在那里，让我们感觉亲切、和善、自然；更似一个纤尘不染的处女子，亭亭玉立，让我们尽情领略她的神圣、她的庄严、她的美丽、她的神秘。

从巩义市区步行到慈云寺，可走两条线：一条走山梁，翻山；另一条沿峡谷，涉水。我第二次去慈云寺，就是从市区出发，沿后寺河河道溯流而上。正值炎炎盛夏，但一进峡谷顿觉这里清爽宜人。深山峡谷中，一条时隐时现的崎岖小路，在我们面前蜿蜒。疏懒的身体，在最初的兴奋过后，很快就疲惫不已、气喘吁吁、大汗淋漓，但还是咬牙坚持。熬过疲惫的极点之后，沉重的双腿慢慢变得轻松起来，清冽的溪水冲去脸上的汗珠，山风吹在身上感觉分外清爽。

山路边处处点缀着亮晶晶的小花，旋转

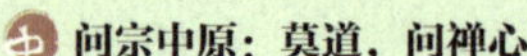

回环的溪水一路伴我们同行。一路上，一些坍塌的墙垣、屋基、窑洞等不时扑入眼帘，还有一些古井、山泉、碾盘、石磨、镢铲等人们生活的痕迹。据熟悉这里的人说，过去这里生活着不少的山民，早些年都搬迁到山外去了。不知为什么，我却感觉有一丝遗憾。

在曲折的羊肠小道上，在灌木杂草的隙缝中，在陡峭的绝壁中，我们沿着不足两尺的小径，抓着枝蔓藤条，一会儿峰回路转，一会儿柳暗花明。在近似自虐的三四个小时的暴走之后，终于到达朝天阙。慈云寺已经近在眼前，放眼望去，这里群山环伺，绵延不绝，碧水中流，潺潺作响。路边，有几处古朴的民居镶嵌在青山碧水间，看到那些麦秸垛、池塘、鸡和纳凉的老人，感觉熟悉而亲切。

山风扑面，送来不远处悠扬的钟声，不由得让我心驰神往，就连脚步也变得轻快无比起来。慈云寺因深藏而神圣，因矜持而庄重。它远离尘嚣，就是要让每一个信徒不畏路途遥远，不怕山路艰辛，知难而进，在长途跋涉中逐渐摆脱红尘的牵绊，获得心灵的洗涤和安宁。

走进慈云寺，我不由得放慢了脚步。“不敢高声语，恐惊天上人”，我屏声敛气，自始至终保持一份自觉的肃静，因为在这庄重、柔和、沉静的佛门净地，任何的喧哗和响动，都是一种亵渎、一种堕落。我们来到这里，以一种膜拜的拘谨之态，索求的正是一种感召、一种救赎、一种释放。

两千多年来，虔诚的佛教徒一个接着一个，一代接着一代，飘然而来，溘然而逝，留下了衣钵，留下了塔寺，留下了钟梵，留下了一个特定的地域标志，留下了一个附近民众精神皈依的佐证，留下了一个经久不息的文化符号，留下了一个大山深处的希望。

我们用湿软的手指触摸坚硬的石碑，我们用轻轻的脚步叩问历史的风云，我们用渴望的眼神问询生命的真谛，我们用温顺的心灵感知传统的恩泽。无疑，许多来这里的人和我一样，也曾这样轻轻触摸过，也曾这样来回踱蹀过，也曾这样仔细端详过，也曾这样默默无语过。

古柏绵延着佛家的清凉

贾国勇 | 文

【作者简介】

贾国勇，笔名“释演永”“游勇”，河南淮阳人。中国作协会员。著有“中国当代刑侦大师系列”《测出的不仅是心跳》《致命谈判》《谜底就在现场》《命案现场》《神探》《心灵捕手》，“反腐长篇小说系列”《市长命案》《市长夫人》《市长官邸》，散文集《立地成佛》。创作投拍了电视剧《捕狼人》《命案现场》《完美指控》等。

雨，尽管细小，却让在酷暑中烦躁的心感到一阵湿润。

走进高皇寺，迎面看到的正是湿漉漉的千年古柏。

承载着高皇寺的美丽传说，这株古柏默默无闻地生长在这座破落的寺院里，等待着寺院的新生。陪我前来礼佛的朋友说，这棵古柏非常倔强，历经千年的风雨沧桑没有倒下，还有兵燹匪患、刀砍斧凿，竟然一缕生命不灭顽强地生长至今。

年代确实久远了！古柏的树身如刀劈般成了两片干柴，再往上时，两片干柴再次裂变为若干块干柴，似乎是一堆烂柴堆砌在一起。也就是在这堆烂柴中，有绿汪汪的生命发出，一枝枝地生长，竟然也成了遮天蔽日的华冠，庇护着高皇寺的一缕佛家烟火不灭。

这个时候的高皇寺正掩映在一片蒙蒙的细雨中，细雨中的古柏静静地耸立着，任淅淅沥沥的雨从树梢流下来，慢慢地浸入到了它已经空朽的树身中。昔日迎风飘扬的祈福红飘带被雨水浸渍得更加红润，微风吹来，和着摇曳的绿枝摆动，这绿色的树就有了更多的生机盎然，有了更多的神秘与庄严。

高皇寺在中牟县三官庙乡辖区内，原名“永福寺”，因为所在地旧属高黄保村，康熙年间开封府知府胡文照依高黄保村之名，将永福寺改名为“高黄寺”。在崇拜皇权意识的支配下，后人逐渐把高黄寺叫成了现在的“高皇寺”。永福寺也罢，高黄寺也罢，还有现在的高皇寺之名，都不过是一个遇劫即灭的相，真正能流传下来的，不是寺院的峥嵘，而是佛法的不生不灭、生生不息。

当然，还有这棵如佛祖护法一般陪同高皇寺走过风风雨雨的古柏，

寺名几易，时光荏苒，它依然如得道的高僧一般坚守这方佛家净土，为我们讲述着高皇寺的故事。走近高皇寺，我们最先看到的一幕应该是那个坐在古柏下谈禅论道的僧人——正是西天取经回到东土大唐的玄奘法师在此开坛讲经，才赋予了这棵古柏通灵之气。坐在古柏之下，我们不仅可以感受到大周女皇武则天对佛家的尊崇，还能听到大宋开国皇帝赵匡胤祭祀时的敬仰之语；如果能闭目沉思，让思维穿过历史的天空，我们还能看到大清康熙皇帝爱新觉罗•玄烨虔诚的拜谒。

武则天大周朝的神功元年（公元697年）三月，契丹首领孙万荣在河北迁安的东硖石谷歼灭了唐清边道总管王孝杰的大军，朝野顿时为之震动。为安抚军心民心，武则天一面派出军队在北京良乡一带迎战孙万荣，一面敕令华严宗僧人法藏和尚在“神都”洛阳作法，“依经教遏寇虐”，用佛法的力量来遏止契丹军队的入侵。

法藏和尚依旨在洛阳十一家佛教道场中恭敬观音菩萨圣像，行道作法。据说，真的是佛法无边，正当两军交战之时，观音圣像浮空而至，大周的军士也立即变成了无数神王之众，使契丹军队感受到了天朝的威严，进而军心大乱，很快便退出了中原。为此，武则天下旨表彰法藏和尚：“蒯城之外，兵士闻天鼓之声；良乡县中，贼众睹观音之像。醴酒流甘于阵塞，仙驾引纛于军前。此神兵之扫除，盖慈力之加被。”

也就是在那一年的七月，武则天敕令天下建造佛寺，并为建于唐咸亨五年（公元674年）的这座丛林道场赐名为“永福寺”，希望天下众生永享福祉。为庄严佛家道场，武则天命大臣从洛阳送来了御封的石佛，并栽下了这棵象征着国运永昌的翠柏。

从此，这棵柏树就和高皇寺的命运紧紧系在了一起，见证着高皇寺的延续和发展。古柏如护法一样，佛家香火兴盛的时代，它是佛前的一株柏树，张扬着佛家的庄严与威仪；佛法遭受劫难之时，它又能维系着佛家的一点灯火不灭，等待着佛法中兴时刻的到来。

宋建隆元年（公元960年）正月，后周大将赵匡胤发动“陈桥兵变”，登基做了皇帝。面对君猜臣疑、战乱纷呈的新朝格局，赵匡胤希望找到一种安定民心的办法来巩固他的江山。为此，在这年的夏天，他离开皇城，来到了开封近郊的中牟永福寺上香，祈望佛祖保佑他的宋家基业太平。

没想到天公并不作美，似乎要惩罚他篡夺柴家天下的罪责，赵匡胤刚进永福寺，立即乌云密布、狂风大作，大如核桃般的冰雹倾天而下，把赵匡胤的銮驾打得七零八落。赵匡胤躲在永福寺的这棵古柏之下，遥望苍天，明白了这突然而至的冰雹从何而来。于是，赵匡胤一边心中暗暗向佛祖承诺定给柴家后裔一个说法，一边焚香求告佛祖说，高黄里人杰地灵，冷子（冰雹的俗称）不打高黄里。或许是赵匡胤金口玉言，或许是佛祖默认了赵匡胤的承诺，在赵匡胤话出口之后，顷刻间风停雨住。为此，赵匡胤御批白银三千两，重修永福寺。

回到都城后，赵匡胤立刻发下铁券丹书，对柴氏宗室进行安抚，封后周末代小皇帝柴宗训为郑王，符太后为周太后；无论柴世子孙有什么罪过，都不可动之。

关于高皇寺的这棵古柏，全国绿化委员会主办的《国土绿化》杂志在2003年第八期上曾这样介绍：“……高皇寺（原名“永福寺”）大门东西两侧对称栽植有两株翠柏，树龄一千三百余年。西边一株高而粗，东边一株次之。东边一株在新中国建立前被风刮倒，后被烧。西边一株高12.5米，胸径1.37

米，树为双头，东南侧枝现已枯死，西北侧枝现每年仍萌发新枝叶，枝干内部及外表皮均已枯朽多年，树姿古朴。据说，有时东边一株发芽早，待树叶全部出齐，西边一株才开始发芽；而有时则是西边一株先发芽，直到树叶长齐，东边一株才开始发芽。如此年复一年，相互交替，成为一种奇观，附近村民都敬其为神树。"

神树不神，神的是此树身处高皇寺内千劫不灭。人们说起高皇寺内的这株古柏，往往和高皇寺的种种传说和佛家的大神通联系在一起。这棵树当年由武则天种下，也为我们后人种下了福田，得以享受佛祖的荫护。再后来，宋朝的开国皇帝曾经避雨于此，正是古柏的慈悲，让赵匡胤明白了因果，明白了冤冤相报，才有了赵宋王朝赐给柴家的铁券丹书，让一个失国的家族有了些许的安慰。当然，还有康熙皇帝南下巡视河工、审时度势时的驻跸，正是古柏的恩泽，让康熙心中民众滋生于天下王土，写下了关心天下福祉的《蠲江南逋赋》诗一首：

> 国家财赋东南重，
> 已责蠲租志念殷。
> 雨泽何妨频见渥，
> 普天愿与乐耕耘。

站在高皇寺的这棵古柏下，忽然想到了赵州从谂和尚"狗子也有佛性无" 的一桩公案。像我等俗众执着于相，从古柏上看到佛的本质也算是大有为了。毕竟，佛法奇妙，一旦契入，各种因缘俱可运之，何况常年倾听佛法、沐浴佛恩的古柏呢？

如我辈碌碌无为一生，到头来一切都成了空。倒不如做一棵树，守在山野古刹，逢万劫亦不改初衷，毕竟能成就一段佛缘。

绕树三匝，恭敬拜之，烦躁的心顿时清凉起来。

离开高皇寺时，天上的雨住了，万里晴空，视野顿时开阔起来！

佛光禅韵相国寺

黎秋山｜文

大相国寺位于“七朝古都”开封的市中心，是一座很有名的佛寺。中国四大古典文学名著有两部都提到它。一部是《西游记》。据《西游记》第十一回描述，唐太宗魂游地府，在枉死城遭冤魂挡路勒索，借了河南开封府人氏相良阴司里积的一库金银。返阳后唐太宗还债，相良不肯接受。唐太宗传旨命建寺院补偿，胡敬德“遂将金银买到城里军民无碍的地基一段，周围有五十亩宽阔，在上兴工，起盖寺院，名‘敕建相国寺’。左有相公相婆的生祠，镌碑刻石，上写着‘尉迟公监造’。即今大相国寺也”。

另一部是《水浒传》。《水浒传》说“花和尚”鲁智深曾在开封大相国寺的菜园里倒拔垂杨柳。第六回描写道，鲁智深来到大相国寺，“入得山门看时，端的好一座大刹。但见：山门高耸，梵宇清幽。当头敕额字分明，两个金刚形势猛。五间大殿，龙鳞瓦砌碧成行；四壁僧房，龟背磨砖花嵌缝。钟楼森立，经阁巍峨。幡竿高峻接青云，宝塔依稀侵碧汉。木鱼横挂，云板高悬。佛前灯烛荧煌，炉内香烟缭绕。幢幡不断，观音殿接祖师堂；宝盖相连，水陆会通罗汉院。时时护法诸天降，岁岁降魔尊者来”。

《西游记》里说的是大相国寺的由来渊源，《水浒传》里夸的是大相国寺的当时盛况。但有人考证，大相国寺的源头其实可追溯到南北朝，北齐文宣帝天保六年（公元555年），当时叫“建国寺”，该寺后来毁于兵燹。武周王朝长安元年（公元701年），僧人慧云募款重建，仍名“建国寺”。唐延和元年（公元712年），唐睿宗下诏赐名“大相国寺”，并亲自御题“大相国寺”匾额。由于皇家恩宠，大相国寺不断

【作者简介】

黎秋山，笔名“闻雪思”“梅显仁”，广东人。

扩建，寺院占地达540亩，辖64禅律院，僧侣千余人。寺内的铸像、壁画、塑像、碑碣多出自吴道子、杨惠之等名家。北宋靖康年，金兵攻陷开封，“流民殆遍相国寺及东西廊房间，啼饥号寒，极可伤恻”。明崇祯十五年（公元1642年），黄河决口，“水自北门入，奔声如雷”，大相国寺沦为废墟。如今的大相国寺，是清顺治以后逐步重建的。

大相国寺的大门为殿式山门，旁开两侧门，均琉璃瓦红墙，飞檐翘角，雕梁画栋，风格古典，却明显是新建建筑。大门前有对石狮拱卫，门上匾额黑底上书“大相国寺”金字，工整沉稳，为中国佛教协会会长赵朴初所题。进入寺门，映入眼帘的首先是耸立两侧的钟鼓楼，钟鼓楼是佛教寺院最常见的建筑，寺院普遍用敲钟击鼓报时，集众参禅议事，俗云“晨钟暮鼓”。我一直以为这是和尚报时定律，早上敲钟晚上击鼓，做一天和尚撞一天钟。听介绍才知其实不然，寺庙报时无论早晚均为既敲钟又击鼓，区别在于清晨时先敲钟再击鼓，黄昏后则先击鼓再敲钟。大相国寺的铜钟铸于清乾隆三十三年（公元1768年），重达万斤，钟声悠扬清越，尤其是秋冬时节，声播汴梁，为“开封八景”之一。鼓楼边有一特别吸引眼球的铜铸雕塑《鲁智深倒拔垂杨柳》。“花和尚”鲁智深正将一株杨树带根拔起，引得游人香客纷纷上前与之合影，有合抱共拔的，有帮忙扶持水磨禅杖的，真乃不亦乐乎。

往前是二殿，也叫“天王殿”，是座碧瓦丹墙的古建筑，建于清乾隆三十一年（公元1766年），门上匾额亦为赵朴初所书，门联书：“慈颜常开度化群生当来，怒目降魔护国佑民扬善。”殿内供奉一尊袒胸露腹的金色弥勒佛坐像，佛龛旁悬楹联：“大肚能容容天下难容之事，慈颜常笑笑世间可笑之人。”大殿两侧伫立四大天王彩色塑像，手持宝剑者为南方增长天王，怀抱琵琶者为东方持国天王，握幡捏鼠者为北方多闻天王，臂缠龙蛇者为西方广目天王。四大天王各护一方，他们的法器宝剑、琵琶、幡伞、龙蛇，各具锋利、可调、挡雨、顺滑的功能特性，分别寓意着风、调、雨、顺。风调雨顺则五谷丰登，五谷丰登则国泰民安，这是古老的农业大国人民最基本也最重要的祈求和愿望。弥勒佛身后的韦陀平端金刚降魔杵，双手合十，面北而立。

天王殿后是大雄宝殿，之间有竹林、花圃、放生池、玉带桥、万年宝鼎。最为神奇的是放生池里的锦鲤，有时三两为伍，各自优哉游哉；有时首尾相衔，集体鱼贯转圈，似乎已悟禅道，灵性异常。大雄宝殿亦建于清代，是顺治年间的建筑，金碧琉璃，重檐斗拱，雕梁画栋，雄伟恢宏，被誉为“中原第一殿”。尤其是玉石栏杆上的雕狮，刻工精巧，活泼可爱。大殿中间供奉释迦牟尼佛、东方药师佛和西方阿弥陀佛，两边十八尊金身罗汉坐像，形态各异，栩栩如生。三世佛背后是南海观音普度众生的大型彩色雕塑，人物众多，场面相当壮观。

继续往前是一座结构独特的八角形建筑，俗称“八角琉璃殿”，也叫“五百罗汉殿”。该殿占地828平方米，全殿覆盖琉璃碧瓦，飞檐翘角，角悬风铃，檐下周围游廊环绕，殿正中为一天井院，院中心耸立着一座八角亭，亦为飞檐翘角，宝瓶亭尖。八角琉璃殿建于清乾隆三十一年（公元1766年），其格局在佛寺中极为罕见。为对古建筑进行维护修缮，1980年曾将此殿整体抬升1.67米。如今的殿门匾额“五百罗汉殿”是赵朴初先生写的，殿内供奉五百罗汉和一尊四面千手千眼观世音菩萨。五百罗汉均为铜铸，高约一米，或坐、或卧、或立、或依、或仰、或俯，有的嬉笑拈眉，有的凝神深思，有的妙相庄严，有的瞪目怒瞋，有的念念若喃，有的双手合十，有的屈膝参禅，有的持器振臂，身体胖瘦，面相怪诞，衣褶清晰，金光闪闪，表情不一，姿态各异，形神逼真，情趣无限。据说，任何人都能从这五百罗汉中找到一尊与自己相似的塑像。千手千眼观世音菩萨堪为大相国寺的镇寺之宝，相传是清乾隆年间花费了整整58年的时间用整棵银杏木雕刻成的。约为七米高，为四面造型的观音男像。雕像全身遍布胳膊，胳膊有大有小，每只小胳膊手心均刻有一只眼，共有1048只眼，呈四面扇形；大胳膊每面六只，呈或举或合或托姿态，为观音菩萨三十三变相之一。观音头戴金冠，身披金箔，慈眉悲颜，立于八角亭中心，观察四方善恶苦难。

八角琉璃殿后是藏经楼，建于清康熙年间，据说珍藏《乾隆版大藏经》一部共七千余册。楼堂供奉一尊缅甸白玉释迦牟尼佛像。传说大相国寺还供奉有释迦牟尼佛的真身舍利一枚，因不知现存何殿，竟未能亲眼瞻仰。

今日之大相国寺并不大，现存古建筑大都为清代兴建，有些则是当今政府及各界善士募款集资重修。虽仍不失皇家寺院气势，但与唐宋鼎盛时的辉煌已不可同日而语。藏经楼门前有一副楹联，是赵朴初先生题的，读后让人感慨，吾摘于文末，与君共赏：

古寺庆重光，
千年来水火兵灾，
屡经空坏而成往；
法云期广荫，
四海内闻思修众，
愿同护念更昌隆。

阿弥陀佛，善哉，善哉。

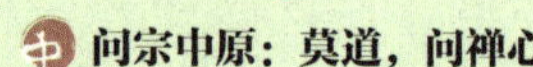

白马寺参禅

贾国勇｜文

春天的白马寺叶绿花红，不知名的飞虫儿翩翩起舞，还有那姹紫嫣红的牡丹园更是热闹非凡。红男绿女你来我往，穿梭于喧嚣的红尘和肃穆的木鱼声中，在名为“释源”“祖庭”的白马寺前熙熙攘攘。

在白马寺的大雄宝殿前，我停下了脚步，虔诚地拈上一炷香，点燃，袅袅升起的香烟中，我的灵魂随着印度高僧摄摩腾、竺法兰的脚步走进了白马寺。

距今近两千年的东汉永平七年（公元64年），受汉明帝所遣，大臣蔡愔、秦景等十余人告别帝都，踏上了“西天取经”的万里征途。当他们来到今天阿富汗一带的大月氏国时，遇到了来自印度的两位高僧摄摩腾、竺法兰，见到了两位高僧携带的佛经和释迦牟尼佛白毡像，就诚恳地邀请二位高僧到中国弘扬佛法。永平十年（公元67年），两位高僧和东汉王朝的使臣一齐来到了东汉的都城洛阳，同时带来了白马驮载的佛经和佛像。第二年，汉明帝敕令建白马寺，以纪念白马驮来的佛法落土中原。

掀开历史，我们发现汉明帝刘庄时期正延续着“光武中兴”的恩泽，王莽的虐政已除，吏治清明，境内安定，“民安其业，户口滋殖”。朝廷多次招抚流民，赐田给穷苦的百姓，让他们自种自给，并大修水利，以利民生。从汉明帝至汉章帝时期，中国出现了繁荣的盛世，被史学家称为“明章之治”。也就是在这种背景下，汉明帝开始倡导佛教，用以教化民众，才有了佛教在中国的传承之旅。

可以想象，为了能在中原传承佛法，摄摩腾、竺法兰是怎样忍饥挨饿地穿过茫茫的大漠，是怎样艰难地越过草木森森的秦岭山脉，又是

【作者简介】

贾国勇，笔名“释演永”“游勇”，河南淮阳人。中国作协会员。著有“中国当代刑侦大师系列”《测出的不仅是心跳》《致命谈判》《谜底就在现场》《命案现场》《神探》《心灵捕手》，“反腐长篇小说系列”《市长命案》《市长夫人》《市长官邸》，散文集《立地成佛》。创作投拍了电视剧《捕狼人》《命案现场》《完美指控》等。

怎样历经磨难才一步步走到了东汉的都城洛阳……如果没有坚定的弘扬佛法的信念，万里迢迢，怎么才能做到佛书历经雨水不湿、驮经的白马不疲？

年轻的时候，因为恋爱失败，我从老家淮阳出发来到白马寺，在破败的寺门前摆地摊儿算卦看相，用以糊口谋生，发誓再也不回红尘之中，从此做一个江湖浪客。也就是在那个时候，在白马寺村的那家“幸福旅社”内，我因缘殊胜结识僧宝，并得以聆听佛法的奥秘。

尽管日月轮转，30年过去，那情景却仍记得清清楚楚。我和那个银须飘飘的老者同住在“幸福旅社”的一间客房内。白天，我会早早地去寺前“占位”，开始一天的江湖生涯；而老者也日复一日地从我的卦摊前走过，走进白马寺那扇破败的大门。当我晚上收拾卜卦工具从外面回到“幸福旅社”的客房时，银须老者已经开始晚课的打坐。时间久了，我了解到银须老者原是白马寺内修行的僧人，是世道的变迁和逼迫才无奈地离开了寺院。当国家兴盛佛法的政策如甘霖一样普降中原时，银须老者再次来到白马寺，等待着禅门大开，迎接佛门游子的回归。

那一夜，风雨交加，雨水浇灌下来时发出了轰轰隆隆的响声，听声音可以感觉到雨水正顺着房檐如瀑布般流下来，整个“幸福旅社”院子里汪洋一片。老板娘趿着拖鞋走到院子里往院子外排水，边排水边咒骂、叫苦，满嘴的埋怨。由于雷电，“幸福旅社”里断了电，我和银须老者摸黑儿坐在客房中，倾听着彼此的呼吸喘喘，互相讲述着自己的故事。也就是在那一晚，我听到了银须老者的故事，知道他马上就要走进白马寺了，就把自己的故事告诉了银须老者，说我已经厌倦了这红尘俗世，希望银须老者能带我进白马寺，做一个伴守青灯修身养性的僧人。

听了我的诉说，银须老者哈哈笑了起来，说非常难得，我是个有佛缘的人。但是，缘分不到，还是无缘入白马寺。他告诉我，如今修行讲入世法，修行的最高境界是

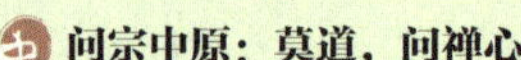

守孝，而父母，则是一个人人生中的大菩萨。孝敬父母，则是成佛的第一步。不然，任是你敲破木鱼、坐烂蒲团，也是与佛无缘。

许多年过去了，当时的场景我记得还非常清楚：客舍非常狭窄，仅仅能放下两张床，很难再找到可以转身的地方。老者已经睡去，发出了沉沉的鼾声，我却因为老者的故事久久不能入睡。有雨水在轻轻地敲打着窗棂，发出了“沙沙沙”的声响，偶尔有老板娘趿鞋蹚水去开店门的声音传来，却是那样混浊和零乱。

那个以写《枫桥夜泊》而出名的张继，在唐天宝十二年（公元753年）进士及第。在去长安参加朝廷举办的会考之前，张继来到了洛阳白马寺参禅拜佛，没想到眼前的一切却让他非常失望，就写下了《宿白马寺》一诗：

白马驮经事已空，
断碑残刹见遗踪。
萧萧茅屋秋风起，
一夜雨声羁思浓。

那天晚上，我坐在客舍之中，翻阅老者从白马寺带回来的一个小册子，从上面读到了张继的这首诗。

当时我想，那个时候的张继或许如我一样正处在沉沦之中不能自拔，本想着到白马寺一番参禅拜佛能有所解脱，没想到眼前的寺院却是残垣断壁，不仅是佛像蒙尘，连一个敲钟的和尚都没有见到。

不知道张继当时住在什么地方，是不是和我比邻而居。那个夜晚，他一定是非常的痛苦，“茅屋”“秋风”，还“思浓”，在这首《宿白马寺》诗中，张继用这三个词写

出了诗人的忧愁以及对前途的担忧，无论是哪一样，都是俗人解不开的烦恼。而我呢，身居白马寺时却非常幸运，在这秋雨之夜，有一个同居一室的老者为我加持智慧，为我讲解佛家的道理，解脱了让我为之烦恼的困惑。

也就是在那个风雨之夜，银须老者的话让我如醍醐灌顶般醒悟过来，知道如此逃避现实是一种消极的表现，作为人子，应该承担起责任来。第二天，我就收拾行囊离开了洛阳，回到了家乡淮阳。我已经明白，因为一场失败的恋爱就走入江湖，远离亲人，不愿再承担为人儿女的责任，是一种懦弱的表现。

今天，我再一次来到白马寺的山门前，往昔破败的山门已经被修缮一新，装点得金碧辉煌；门前的那两匹白马依旧默然驻立，岁月之刀并没有在它们身上留下丁点儿的痕迹，曾经斑驳的皮肤被游人们触摸得更加光滑。30年后，我携带妻子儿女来到了白马寺，站在这山门前，想起当年和银须老者的约定，才明白，30年后的我们都是失约人，怎么可能再相见？

就这样，怀着郁郁寡欢的心情，在白马寺的大门前礼佛再三。恍惚之间，我看到了印度高僧摄摩腾、竺法兰走进了白马寺，还看到了那个银须老者在向我召唤。

我走进了白马寺，走进了喧嚣的红尘俗世。放眼望去，已经物是人非，境界幻化。如果说昔日的白马寺“长林古木，肃然幽静”，今日的白马寺则是香火旺盛、游人如织；如果说昔日的白马寺“宝塔高耸，殿阁峥嵘”，今日的白马寺则是金碧辉煌、巍峨俨然了。我想，那一年，破败的山门或许能成就僧宝的定慧，今日的繁荣则会让白马寺声名远扬。

在一处茂密的柏树林中，我看到了著名的二僧墓。两座墓的主人就是东汉使臣从西域请来的印度高僧摄摩腾和竺法兰。多少年过去了，当初的他们绝对不会想到，就是因为他们的一念弘法，才有了佛教在中国的传承和发展，一代又一代地传承下来，使这个外来的宗教在中国生生不息、教化万民，让我们这些红尘中的芸芸众生的灵魂有了栖息地。

站在二僧墓前，回过头来看自己人生的历程时，却发现无时无刻不在追求着、奋斗着，心力交瘁却一无所成，在漫漫的红尘中虚度着光阴；眼前的摄摩腾、竺法兰或许并没有我等的“志向”，只是一味孜孜不倦地弘扬着佛法，没有更多的诉求。当他们带着佛教来到东土这块插根筷子也能发芽的宝地后，则成就了一个伟大的使命。

这个时候，脚步声在我的身后响起，是那样慈祥，那样稳重。

不用转身我已经感觉到，是那位银须老者……

塔院访禅

王继兴 | 文

古刹白马寺的墙外，有座古塔，塔身修长，直指蓝天，名曰“齐云”。塔的周围是座院落，围墙不高，且临通衢大道，但步入空门，便觉空然、荡然、寂然。

沿着一条通幽曲径来到一所花木掩映的禅房，尽管我们的脚步轻轻，身着袈裟的印俊法师和心空法师，大概已经感知到了我们的到来，早已经在那里含笑等候了。

我既非僧人，也非居士，此行纯属职业兴趣使然。搞了大半辈子新闻，也曾采访过包括首相总理、书画名宿在内的林林总总、各行各业的各色人等，但对佛门生活极其陌生，甚至有几分神秘感笼罩在心，自然很想有所了解。记者小任告诉我，此塔院全是比丘尼，这就更增添了心头的神秘感。小任说她和塔院的负责人印俊法师相识，经电话联系获得应允，才有了这个叩访的机会。

我想象中的禅房，定是冷壁如洗、残窗木案、蒲团青灯、香霭弥漫，其实印俊和心空法师的禅房则犹如书房，两面墙壁立有通天书柜，里面满满当当珍藏的全是书籍，桌上、地上也都堆书如山，让你恍若置身某大学某著名教授的书斋之中。不同的是环境和氛围——窗前塔影横斜，耳畔磬声隐隐，来到这里，你的心便立刻悠悠地沉进了幽幽的闲静之境，于是我有一首小诗浮出脑际：

巍巍塔影斜窗前，
幽幽禅房心自闲。
慈祥老尼烧茶去，
隐约磬声潜入帘。

【作者简介】

王继兴，河南原阳人。高级编辑，中国作协会员。曾任《大河报》总编辑兼《漫画月刊》主编。出版著作有《编报余墨》《黄叶集》《萍踪感悟》《醉享夕阳》《云影踪迹》《诗笺心语》等。

手捧飘散着微苦茶香的茶杯，我们的话题是从每天的功课安排切入的。真没想到，她们每天的时间安排如此环环相扣：早晨4点就要起床，稍事洗漱就开始早课、诵经，早饭后又是打坐、诵经和午课，直到11点吃午饭，中间只有40分钟的休息时间。下午，还是诵经、晚课、打坐，晚8点半以后，还要拜塔，而后洗漱，10点就寝，一天都紧凑无隙。印俊解释道："所谓'拜塔'，就是在塔前连叩108个大头。一年四季，天天如此，时常磕头磕得通身大汗呢！"佛家戒律规定"过午不食"，一天只能吃两顿饭，早晨天亮得能看见自己的手掌纹络才能早餐，中午12点以后就不能再吃东西了。

"能不饿吗？饿了咋办？"我急切切问。

"习惯。一切都在习惯。习惯了，不去想饿，也就不饿了。"

"你不觉得出家很苦吗？"我总是按俗家习惯来理解并提出问题。

印俊淡淡地解释道："佛家叫'清苦'。清苦是福。受不了这个苦，自然也就享不了这个福。关键在于你是否把佛学视作一项事业，如果有了献身这项伟大事业的强烈愿望，开弓没有回头箭，一条大道走到底。外人认为的苦，我们反认为乐在其中呢！"

"在我读过的书中，看到有不少人是因失恋、失意，精神受到挫伤，才走上出家之路的。那么你呢？"很想面对面地探询她的心路历程。

我的突兀和直接，引发她一阵浅浅笑意。她的款款述说，粗略描述了她的佛门足迹。原来，她出生于离白马寺不远的偃师县一个农民的家中，父母均信奉佛教，她从小就经常随父母到白马寺朝拜佛祖。耳濡目染，渐渐地，佛便潜化在她的心中，她便立志献身于佛教事业。高中毕业后，她考入四川尼众佛学院，她说那是周恩

来总理生前特批而建的一座高档学府。她以优异的成绩完成了大学的学业之后，才来到塔院专事佛学研究的。

印俊强调说：“佛家十分强调动机。一个人如果没有虔诚之意，不是决心以佛学为业，只是愤世嫉俗、怨天尤人而遁入空门，‘因地不真，果招迂曲’，转一个圈儿，还会因受不了这里的清苦而告别佛门，岂不是白白耽误他的光阴！所以，凡是这样的人，我们佛门也不会轻易地接收。”

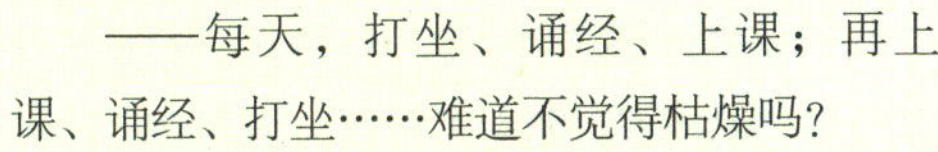

——每天，打坐、诵经、上课；再上课、诵经、打坐……难道不觉得枯燥吗？

——学海无涯，沉进去，便觉兴趣无穷。佛学，博大精深，单是经、律、论，10年也学不完，20年也参不透，孜孜以求，也是一辈子的事；同时，我们还要学历史、学文学、学哲学、学马列，通过比较、辩论、鉴别，才能更深刻地理解佛学；此外，还要学医学、科技、书法、绘画、音乐……历代高僧中，有造诣很高的诗人、画家、书法家，也有造诣很高的哲人、医生和科学家。唐代的一行，不就是一位高僧吗？他不仅悟透禅学，还精通历法和天文，著有《大日经疏》，并订《大衍历》，早在千年以前就推算出了相当于子午线纬度的精确长度。多么了不起呀！

印俊似在开坛讲经，打开话匣便如滔滔江水。她还说，一年到头，她们只倾心佛经和学问的研究，所有的生活用品均从白马寺拿来，她们自己不经手一分钱。所以，她们这里所有的尼众囊中没有一分钱，也不会接受任何人给的一分钱，因为没用，一点没用。还有，佛教并不信命。个人的命，掌握在自己手中。一个人可以创造美好的明天，也可以葬送美好的明天，正所谓“祸福无门，唯人自招”。

一直在一旁静坐静听的心空法师插话道：“仰止唯佛陀，完成在人格。人成佛即成，是名真现实。”显然是一段偈语，我乍听如堕五里雾中。心空法师见我没有听懂，便用笔写在一张纸条上递给我看。单赏她那清秀的字迹，就有如晨露滴在心头。经她一番指塔说云、抚经讲月的读解，我豁然有所顿悟。注视着这位老尼，我想起了一首诗：

百结鹑衣倒挂肩，
饥来吃饭倦来眠。
蒲团稳坐浑忘世，
一任尘中岁月迁。

诗为我国明代禅尼行刚所撰。字面上看，写的只是一个禅尼的平凡生活，实在是平淡至极，但它却深刻地体现了“直指人心”“明性见佛”的禅宗思想。佛陀是至高无上的，但并非高不可攀，也并不无限遥

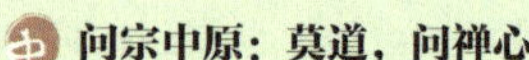

远，“即心即佛”，佛就在你的心中。参佛修道，颇有顺其天性、返璞归真的意思，追求的是心灵的绝对自由，即所谓“心无所住”。于极平常处去体会禅意，诸如“饥来吃饭倦来眠”，时时处处皆可顿悟。而要参透佛理，则完全要靠自己的心地和人格了。由于这位禅尼深悟禅宗的真髓，所以她能够“蒲团稳坐浑忘世”，彻底摆脱一切世俗的烦恼，“一任尘中岁月迁”了。行刚的这首诗，和心空法师讲的偈语，内涵其实是一样的。心空法师实际上是用四句偈语，对我向印俊法师以上作的提问，做了最简练、最概括，也最回味无穷的回答。

又一阵磬声悠悠传来，我从自己的禅理思考中醒悟过来。啊，不觉窗外的塔影已经拉得很长，塔后的夕阳已经渐渐西沉。我们应该告辞了。

“师父可以为我们留下墨宝吗？” 不料印俊法师突然有求。未及推辞，两位法师已将宣纸和笔墨备毕。

我想，权且交上一份初次听禅的心得吧！稍事沉吟，在四尺白宣上我挥毫涂了四只墨鸦：卧月眠云。我觉得，我心境所享到的净化，用这四个字可以概括。

真的，听君一席话，悟出许多理。归途中，我在本子上记下了此次塔院访禅的浅浅感受：

寻幽入空门，
听禅趣无垠。
现身说岁月，
指塔解齐云。
著无便愁无，
佛心即我心。
欢戚双忘时，
唯闻钟磬音。

佛在哪里

蒋谱成 | 文

去年岁末，朋友纪去伊川，邀我去。我一直想拜谒伊川净土寺，因唐僧玄奘13岁时，即隋炀帝大业八年（公元612年）在洛阳净土寺出家，净土寺在我国传统文化中的历史地位可想而知。这次机缘，我不可失去，便欣然成行。

到伊川，我们才知净土寺在伊川县白元乡水牛沟村。车子在曲曲弯弯的小道上行驶了好些时间，我一直在观察车外的山村风景，突然，车前两边出现丘陵，山不高，但有势有形，左边山被大片翠绿覆盖，便有了“山清”的味道，不知是否还有“水秀”。我心正想着，纪便在路旁停了车。这时，一辆小四轮拉着许多大的塑料空桶，“突突突”地开来，我们便问老乡：“请问，这儿离净土寺还有多远？”

“净土寺就在这儿。”老乡狐疑地看着我们，可能看出我们确实不知，于是又说，“右边村后就是。”

这时，我们都看向右边，那山丘的缓坡上爬满了房子，房屋间的密度大，似乎一直延伸到山顶，只有沟底有些树木。在向老乡道谢时，我还是好奇地问他说：“你这是到哪里拉什么？”

他满脸神气地说：“拉泉水。”

“哪里拉？”

“看，那前面山上便是‘天下第一泉’。”老乡边用手指着左边山头，边开动小四轮。我再次观看那山丘山沟，还真是山清水秀。

顺着老乡指引的路，拐了许多弯，车便开不动了，只好停在村中。我们在错落无序的建筑物中穿行一阵，在山腰处找到了净土寺。

一条窄道拐到净土寺山门前，山门很小，似农家院，前有一小坪。

【作者简介】

蒋谱成，湖南邵阳人。洛阳白马寺佛教文化研究会会员、指导委员，洛阳市作协会员。出版有专著《夜灯菩提》和《人生感悟》。

站坪上向前看，看到一片向下滑去的屋顶，沟的对面就是那山清水秀的山头，当地人称那泉水为“圣水”，透过那满山的翠柏，似乎都能感觉到泉水的清凉。这里应是宝地祥云，寺院山门原应直通而下，可岁月沧桑、世事无常，人们都想沾染灵气，在寺前修屋建房，以至连寺院山门都难以找到了。

迈进山门倒还有一片天地，只是充溢着萧条肃穆、满目瑟索的破败，好在两边还有窄小的厢房，前面许多级台阶通往仅存的一殿。殿基高出厢房基十来米，整个寺院依山而建，就势造型，步步递增。殿前有一方鼎香炉，炉上铸有2012年12月纪念玄奘法师剃度洛阳净土寺1400周年之际，嵩山少林寺方丈释永信题写的“洛阳净土寺”五个大字。

立在大殿前，我心里感到平静和放松，似乎佛祖就在我们的周围，或许，他们在一个我们看不见的地方，默默地注视着我们，所以，我们不怎么说话，少了些平时高谈阔论的无拘和狂狷，多了些彬彬有礼的拘谨和敬畏。

我用手轻轻地触摸殿墙的砖块和门上残破的雕饰，虽然，这早已不是玄奘出家时的寺院，但从建筑材料和风格看，至少是明末留下来的建筑，明显能让人感觉到佛教文化的厚重和佛祖的慈悲。据净土寺出土的明嘉靖十一年（公元1532年）的石碑《净土禅寺记》载，这寺修建于“天赐延和间”。“天赐”是北魏道武帝公元404年至409年间的年号，如此推算，这净土寺已有一千六百多年的辉煌历史。在这历史的长河中，净土寺拆了建，建了拆，不知经历了多少坎坷和磨难，但我们的祖先，还是一代一代地把它保存至今，这就是我们的文化传承。

同行的小王似有去意，我便对他说：“再去拜谒大殿的佛吧！”他一脸的茫然。

我们便从这殿侧墙一门出来，顺墙绕到殿后的山上。果如我所想，殿后又是一块宽大平整的土地，比殿基又高出十来米。这土地刚收获了玉米，满地的玉米茬，展示着大地的博大和宽容。我想，这应该是净土寺曾经的大殿所在的位置，再上去，应该还有一殿，我向后看去，那山上确实还有一块平地。这时纪忙着四处拍他的照，我站在这空阔的土地上，眼界突然开阔，似乎听到伊河的流水声，对面那青翠的山梁，也好似伸手可触，有一种“天空一无所有，却能给人慰藉”的感悟。在我国汉传佛教史上有两座山峰，他们都是唐代人，一座是禅宗祖师慧能大师，另一座就是在我面前的法相唯识宗祖师玄奘大师。今天，我立在玄奘大师曾经生活过的山峰上，走近祖师，再一次感受到与佛同在。这时，小王问我：“大殿呢？佛在哪里？”

“佛在哪里？”这确实是一个现实而又难以回答的问题。因为小王对佛了解不多，我只能引用台湾星云大师的话来回答他，因为星云大师也碰到过这个问题，他说：“我这一生都没有看到过佛，但我从来都没有离开过佛，我感觉佛时时刻刻都在我的身边。”小王似乎有些明白。事实上，佛也一直在开示我们，只要我们心存善念，奉献人生，佛就是我们自己，佛就在我们心中；心中有佛，众生皆是佛。

当我依依不舍地离开这片土地时，我想，释永信法师已经发愿，要对这千年古刹进行修缮，不久的将来，这里或许就将成为一方真正的净土。

我看到了少年玄奘……

贾国勇 | 文

【作者简介】

贾国勇，笔名“释演永”“游勇”，河南淮阳人。中国作协会员。著有“中国当代刑侦大师系列”《测出的不仅是心跳》《致命谈判》《谜底就在现场》《命案现场》《神探》《心灵捕手》，“反腐长篇小说系列”《市长命案》《市长夫人》《市长官邸》，散文集《立地成佛》。创作投拍了电视剧《捕狼人》《命案现场》《完美指控》等。

在写《行禅中原》这本书时，有几篇文章都记述了摄摩腾、竺法兰两位天竺高僧的足迹——来到洛阳后，住进了汉明帝刘庄为他们建造的白马寺；工作之余走出白马寺，一路向东，沿青龙河走进了青龙山，在巩义建起了中国第一所民间寺院慈云禅寺；而后，两位高僧离开青龙山沿贾鲁河一路向东南来到了西华县，在丹凤山建起了龙泉寺。

在伊川县的净土寺，我们再次发现了摄摩腾、竺法兰两位高僧的足迹——受朝廷之邀离开白马寺，一路向南到了洛阳南郊的皇家园林广成泽游玩，来到了如今净土寺所在的伊川县水牛沟村。

只是当年的水牛沟还不叫“水牛沟”，而是因鸾浴其中被称为“鸾浴沟”。

关于“鸾”，我记得小时候看豫剧《抬花轿》时，里面有“……离府门吹的是百鸟朝凤，一路上吹的是鸾凤和鸣……”这样一段唱词。想着这鸾的叫声一定很美丽。至于鸾是什么样子的，还真的没有见过。查阅古时文章，从《山海经•大荒西经》中找到了出处，曰：“五彩鸟三名，一曰皇鸟，一曰鸾鸟，一曰凤鸟。”还有，许慎的《说文解字》也记载道：“鸾鸟，赤神灵之精也。”看来，这鸾定是凤凰的亲戚，不仅高贵，而且美丽。

当时的鸾浴沟还是群山中一条普普通通的溪流，穿梭于一座座山峰之下，悄无声息地流淌着寂寞的岁月。清澈见底处，可见鱼戏其间。高高低低的杂树生长在鸾浴沟两岸，溪流两岸洁白的岩石上，则是鸾鸟的天堂，时而钻入水中觅食，嬉戏沐浴于溪水之中，时而展翅飞翔于天空之中，发出悦耳的和鸣。

站在鸾浴沟前，摄摩腾、竺法兰两位天竺高僧被这天邑灵囿净土震撼，从而在此开山净土寺，作为弘扬佛法的道场。

如今，这鸾浴沟已经易名。自摄摩腾、竺法兰两位天竺高僧开山净土寺后，汉明帝刘庄下旨将四周三百多亩耕地赐为净土寺的寺产。历经千年沧桑，到民国时期，净土寺还居住有三百多名僧宝弘法利生。因佛祖保佑，恩泽四方，为避战乱和匪患，人们聚寺而居，很快就形成了一个村落，改鸾浴沟为“水牛沟”，喻意为人丁兴旺之地。

拜谒净土寺时，是在2005年的晚冬。

春节刚过，我从北京坐火车来到洛阳的伊川县采访。工作之余，听宣传部门的朋友说伊川有个净土寺，不仅是中国最早的佛教道场，还是唐时玄奘法师修禅悟道之地，我顿时心生向往。几个人一合计，就找了辆千疮百孔的“普桑”轿车，偷偷地从伊川县城出发，一路向南，拐了两三个弯道，来到了净土寺所在地水牛沟村。

说是“偷偷地”，是有一定缘由的。我在一家国家权威机关的新闻单位工作，况且，当时人们对佛教的认识还仅仅限于“迷信”，作为一个国家权威机关出来采访的记者，怎么能搞“迷信”活动？所以，尽管心中向佛，却又不敢明说，只能称之为对文化古迹向往，哪敢说“拜谒”净土寺？

或许是心中不诚吧，我站在净土寺时，却没有摄摩腾、竺法兰两位天竺高僧那么幸运，不仅没有见到鸾鸟翔舞于水牛沟畔，也没有见到古树参天的神秘，映入眼帘的是满目的白雪，还有那沟底的乱石杂草。

不仅如此，眼前的净土寺更是显得苍凉。如果说这是一座古老的寺院，倒不如说是一处破败的无人居住的农家小院。在这里，你看不到书中所描写的七堂伽蓝的金碧辉煌，更感受不到佛家圣地的雄伟壮观，映入眼帘的是坍塌的院墙，红漆脱落得斑驳陆离的大门。晨钟暮鼓不再，只听到北风呼啸，飞檐翘角的殿堂成了模糊的身影，还有听到人们的脚步声时，“扑棱棱”从屋檐下的鸟巢中飞出麻雀无数。

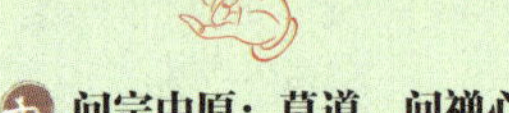

站在净土寺门前，我犹如听到了清人张文德在净土寺的吟唱：

> 晚来汲露煮茗芽，
> 古寺无人犬护家。
> 座上真文余贝叶，
> 阶前云气绕昙花。
> 蒲团半纳随藜杖，
> 舍利多珠隐木瓜。
> 为问老僧何处去，
> 白云深锁众峰斜。

这首名为《春日游净土、清凉、金山诸寺》的诗，今日再读时依然沧桑如故。破败的寺院中哪里还有老僧的身影，佛家威仪全失，昔日盛誉皆无。倒是大雪封了紧锁的山门，把净土寺幽禁在静寂之中，使之佛缘未泯，代有传香。几只野犬在山门前的雪地上转来悠去，却也在默默地悟着禅家的大道。

好在同行的朋友和村里的干部相识，看到我们到来，早已等候的村干部忙迎了上来，从一大串钥匙中找到了净土寺山门的钥匙，打开了那只挂在山门上的锈锁，费了好大的劲儿才推开厚重的净土寺山门。

走进净土寺，即刻被迎面而来的寒风激了个寒战。空旷的院落里白雪如毯一样铺满了净土寺的角角落落，从山门到天王殿的甬道上是一株株如罗汉般的松柏，寒风吹来时不时摇曳着愤怒的身躯。野狗从山门外蹿进来，不待人们喝斥，已经迫不及待地跑进了院落的深处。走进天王殿，抬头可以看到精美的壁画依稀，端庄的佛祖、嚣张的罗汉，还有些飞舞的伎者，让人感受到些许的敦煌氛围。可惜的是那些雕梁画栋的尽头油彩脱落，可以看到梁檩脱榫开裂的迹象，外面的风吹来时，好像这些梁檩承受不了大雪的重压，整个殿宇似乎都在摇晃。

村干部们没有在乎这些，看我的目光牢牢地盯在梁檩之上，他们立即来了兴趣，让我仔细观察那些梁檩上有没有结蜘蛛网，饶有兴趣地说这些梁檩非常珍贵，驱虫避蚊，即使是蜘蛛也从来不会到这梁檩上结网。

听他们这么一说，我心里倒产生了“颠倒梦想”：是蚊虫不敢接近梁檩，导致蜘蛛不去做劳而无功之举呢，还是梁檩的原因导致蜘蛛不敢结网呢？这个问题纠结了好大一

会儿，直到走出净土寺的山门时，才下定决心来：无论是蚊虫不敢接近，还是蜘蛛不敢落脚，都能说明这梁檩是个奇物。

宣传部的朋友说，这净土寺可了不得，是当年玄奘法师初度空门的宝刹。据唐太宗李世民亲撰的《大唐三藏圣教序》，以及明代嘉靖十一年（公元1532年）《净土禅寺记》的碑记，在玄奘法师出家之前，俗名叫“陈祎”，他的哥哥陈素（长捷法师）已经在伊川的净土寺出家。陈祎5岁时母亲宋氏去世，到隋大业六年（公元610年），因父亲陈慧撒手人寰而没了生活来源，就从偃师市陈河村出发来到伊川的净土寺寻找哥哥陈素，并在净土寺皈依佛门，做了一名小沙弥。

在净土寺期间，陈祎熟读了《法华经》和《维摩诘经》，以及其他佛教经典著述，并有所参悟，为他日后佛学道路上的修行打下了扎实的基础。隋大业八年（公元612年），隋炀帝派出大理寺卿郑善果到洛阳剃度27名僧人，发放正式的官方度牒。陈祎因为年龄小不能报名应试，只好徘徊在考场外面。郑善果看到陈祎仪表不凡，善根颇现，就和陈祎进行了交谈。陈祎告诉郑善果，他的志向是“远则继承如来遗志，近则弘扬光大佛法”，郑善果认为“诵业易成，风骨难得，若度此子，必为释门伟器”，破格剃度了陈祎成为正式的和尚，取法名“玄奘”，在净土寺学习佛法，直到27岁后出长安到西域求法取经。

就这样，走进净土寺，我们会看到那个不畏艰难险阻西天求法的玄奘法师，正在佛堂前轻击木鱼，孤灯的清冷也没松散少年和尚的弘法志愿。可以说，因为有了净土寺，才有了闻名于天下的玄奘法师；因为有了玄奘法师，净土寺也成了佛教徒心中的圣土。

离开净土寺时，天上再次飘起了雪花，再回头看时，留在净土寺中的脚印很快就被

积雪覆盖，净土寺掩映在一片洁白之中。这个时候，我突然想到了鸾浴沟的传说，“洁白的岩石上有鸾鸟起舞，恰是人间净土”，如今的净土寺展现在我眼前的不正是净土吗？尽管没有佛前氤氲缭绕的香烟、不绝于耳的诵经声，以及钟磬之声绕梁的法事活动，仅是这片洁净的雪足可以让人的心灵得到一次彻底的洗涤，从而放下红尘俗世中的烦恼。

站在山门前，我似乎看到了远处那个从洛阳走来的少年陈祎，迈着坚实的步子走进了净土寺；看到了那个老成持重的玄奘法师迈着沉稳的步伐走出了净土寺，走上了西天取经之路；也看到了登上皇家法坛推广佛教学说的玄奘法师，向天下人讲解他心灵透彻的人生。

透过迷茫的雪雾，那个衣袂飘飘、神采飞扬的玄奘法师正一步步走来……

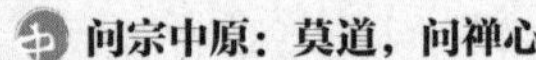

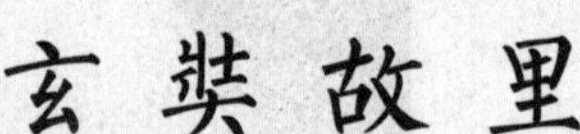

玄奘故里

逯玉克｜文

玄奘故里何处寻？洛阳缑氏陈河村。缑氏，历史悠久的古邑，坐落在洛阳东南嵩山向伊洛河过渡的丘陵地带，西眺伊阙洛阳，东望虎牢雄关，“困阳城（登封）、趋东都（洛阳）之必扼”。马涧河与刘河蜿蜒而北，使得这片土地沟壑纵横、流水潺潺、草木森森。

“野水苍烟起，平林夕鸟还。嵩岚久不见，寒碧更孱颜。”这是欧阳修笔下的古缑氏。“草树绕野意，山川多古情。”这是宋之问途径缑氏时的感慨。星罗棋布的古迹、俯拾皆是的传说，使得这块土地处处氤氲着悠悠古韵。

陈河是一座普通的村庄，村头一碑，刻有佛学大师赵朴初的题字“玄奘故里”。登高而望，小村高高低低错落有致，或安卧在起伏的丘陵上，或隐身于草木葳蕤曲径通幽的深沟浅壑中。村东，清清的造纸河（蔡伦在流经缑氏的马涧河造纸，故名）不忍打扰这里的安谧，悄无声息绕村而过，绘就一幅“水深水浅东西涧，云去云来远近山”的山水画，让人悠然想起“渡头余落日，墟里上孤烟”的唐诗，和“斜阳外，寒鸦万点，流水绕孤村”的宋词。

村东一浅沟，名曰“凤凰谷”。谷中，一处绿树掩映的幽静院落，树丛间隐现的飞檐、青烟中轻响的风铃、大门上“玄奘故居”的牌匾（国学大师季羡林题写），无不氤氲着一缕佛风梵韵。

故居不大，只有一处大户人家的宅院大小，暮春时节的古木老藤间，静幽着“禅房花木深”的禅意。

庭院西侧，两棵树让人称奇。一棵皂角树和一棵槐树贴在一起，缠绕而生。据说，原先只有一棵皂角树，玄奘圆寂后，树顶被雷击中，树

【作者简介】

逯玉克，河南洛阳人。逯姓生僻，经常被“逮”，江湖人称“逮哥”。主编有《芳草青青（散文卷）》《河洛散文百家》《洛风——河洛散文选》，出版有散文集《三川烟雨》《野生的月色》等。

干日渐腐朽，成为空洞。但后来根部发出新芽，居然长出一株形似凤凰的槐树，乡人奇之，为其命名曰“皂抱凤凰槐”。

再看皂角树，有一枝很奇特，横着往东伸，那枝粗大且伸得太远，真担心它会坠下来，以至被人用粗铁丝牵着，固定在树干上。相传，皂角树乃大师亲手所栽，大师西去时谓之曰：吾往西，尔往西长；吾东归，尔往东长。十多年后，村人见树东长，喜曰：玄奘回矣。果不其然。

和皂抱凤凰槐相伴的有口老井，名曰“慧泉”，开凿于北齐年间，大旱之年依然清冽甘甜，乃当年大师取水之处。皂抱凤凰槐和慧泉挨得很近，上面，井台被树荫遮掩着；下面，若稍稍使点劲儿，树根就会扎破井壁。

岁月邈邈，陵谷沧桑，一千四百余年的风剥雨蚀，与玄奘相关的遗迹已依稀难觅，只留下佛光寺（皇家寺院）、陈家花园、凤凰台、晾经台、西原墓地这些遗迹和传说。然而，嵩岳苍苍，伊洛泱泱，大师之风，山高水长，根植这片土地，融入华夏子民血脉的，是大师百折不挠追求真理的精神。

——12岁，洛阳净土寺剃度出家；

——27岁，西出长安，踏上取经的漫漫征途；

——从中土到天竺，跋涉5万余里，途径115个国家；

——笃学17载，名震佛国；

——得道归国，带回佛典657部，佛像7尊，舍利子150粒；

——大雁塔下，皓首穷经19载，译经75部1335卷；

——著述《大唐西域记》12卷；

…………

大师是一个行者，他走出故乡洛阳，走出国都长安，穿越凶险四伏的千里大漠，走进佛国天竺。玄奘，大约是陆地上走得最远最艰苦卓绝的人，但必定也是走得最虔诚、最坚定、最自信、最从容的人。他走进了佛教的博大精深，走通了黄河、恒河儒佛文化的碰撞交融，走出了前无古人后无来者的玄奘之路。

几千年来，对中国社会影响最为深远的文化思潮主要有两种：儒、道为代表的根深蒂固的本土文化；佛教等外来文明。玄奘把儒学的“仁”和佛教的“善”糅合统一起来，使佛教在儒学先入为主、渗透千年的泱泱大国大行其道，对后世芸芸众生的思想教化，以及社会稳定产生了不可估量的作用。

大师是追求真理独步天下千古一人的历史传奇！

大师是佛界不可复制历久弥新的经典！

大师是中国乃至世界文化史上的一个时代的坐标和高峰！

玄奘，生在陈河，长在缑氏，学在洛阳，但他属于全世界。他的凤凰谷故居，不过是个鸟巢，悠久沧桑的历史、厚重灿烂的文化、九死无悔的信念，孕育了一个由追日的夸父和填海的精卫合二为一的千古圣僧！

大师应庆幸，开放包容的唐朝有着海纳百川的襟怀气度，所以，万里之外的异域文明才得以在大师心血的浇灌下植根儒道浸淫的中华大地。现在呢？佛教文化早已是花开遍野云蒸霞蔚，大师的故乡，有识之士也在筚路蓝缕，求索着另一条艰辛的、不为人知的玄奘之路。

暗　香

贾春红｜文

刻有高僧善无畏与金刚智画像的石碑就安放在洛阳龙门香山脚下的公路里侧，至今已有年余，很清晰地记得这条旅游公路刚刚修成通车的当年，我曾到过这里。只是那时的我只顾着看沿途风景，倒不曾留意过安静守候在路边的它们；彼时，我甚至还不知道，尘世间竟有这样的两个人存在过。

新年伊始，友人约我一起去轻叩两个寂寞灵魂的门窗。从友人口中，我首次知道了他们的名字：一个善无畏，一个金刚智。

卢舍那大佛脚下汩汩流淌着伊河。从伊阙桥西端往北行，穿过一条古典气息浓郁的商业街，沿龙门大道北行百米后，再转西穿民居而过，尽头处就是千年古刹广化寺，坐落在龙门西山北面土岗上。土岗前近二百级的宽阔石阶衬托得庙宇雄伟壮观、气势不凡。

一堵厚墙隔出两重天，墙里佛家圣地，墙外喧嚣红尘。为节省时间，一进入寺院，我们就直接找到僧人打听善无畏的墓址，他也说不出子丑寅卯。这位师父只简单介绍，因历史原因，广化寺数遭毁损，高僧真身已不知所终，埋骨位置也无从考证，在寺院前庭南侧仅存善无畏塔供人瞻仰。

距今一千三百多年前的古印度王室之家有一男孩，天资聪慧，13岁时便继承了王位。其兄不服起兵相争，被他平叛后，不计前嫌又让位于兄，此后便剃度出家专门研修佛道。他于唐开元五年（公元717年）以80岁高龄之身来到大唐弘扬佛法，被唐玄宗礼以国师，在洛阳期间译出多部佛教宝典。唐开元二十三年（公元735年）圆寂，葬于龙门西山广化寺。他便是善无畏禅师。

【作者简介】

贾春红，河南洛阳人。作品曾入选《洛阳散文年选》《河洛散文百家》，在《洛阳日报》《洛阳晚报》《河南日报》《羊城晚报》《深圳晚报》等各类报刊发表作品十余万字。

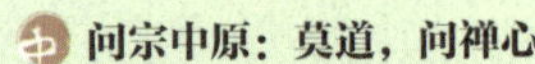

是日，来广化寺礼佛朝拜的香客不多，寺院尤显庄严、肃穆。大殿前有两株梅树，左右相望，左边梅树含苞待放，右边已是一树繁花。我们更喜欢布满花苞的这棵梅树，一粒粒花苞生机饱满，如一个个稚嫩的娃娃端然于枝头，微风拂过时便似在调皮地手舞足蹈。

寺院内近大门处的两边各置一钟一鼓，友人说这就是晨钟暮鼓，我始恍然。此时已是下午，但见有香客还在撞钟祈福，想来也是如我这般不懂钟鼓吧。偶尔有善男信女到殿内虔诚地上香拜佛，好像根本就没注意到殿外还有一位千年前从异域来本土释佛布道的高僧。

唐开元二十年(公元732年)，善无畏曾请求返回印度，唐玄宗优诏慰留。依照世间善恶道德标准，能除恶生善而得精神快乐，是为善无畏。人类价值观中的那些普世价值，在今天依然深触人心。历史仅留下的一些人文逸事或残砖片瓦，也深刻记录了先人们对精神世界的认知，对人生世情的理解，如此，我们便总能看到那个铭刻于先贤哲人心中光芒四射的“善”字的存在。可是，在善的光环背后，在善无畏本人最后的时光里，他是否梦里回到过他的故乡、他的亲人身边？不为人知的一段寂寂时光，必定成为他生命里最凄绝的一章。

我们从寺里出来，又折回去寻找葬于龙门西山的另一位高僧金刚智的墓。他是中印度一国的王子，10岁出家笃志苦修佛法。唐开元七年（公元719年），金刚智乘一叶扁舟来到大唐弘法，辗转于长安与洛阳，僧俗皆仰，被奉为“密宗始祖”，与善无畏、不空并称为“开元三大士”。友人仅知墓地在奉先寺后边的西山上。为绕近路，我们从一拆迁工地斜穿到山脚下。陡直的羊肠小道令人生畏，但葱翠山林透出的春的气息又让人忍不住想趋前探幽访圣。山中小径，蜿蜒曲折，走了半天已不知转到了何处。此时已迫近黄昏，墓地还遥遥无影，于是我们决定暂且返回。

伫立于山林草泽间，不禁神驰冥想。善无畏、金刚智，他们舍弃荣华与故里，超越民族藩篱来东土大唐弘扬佛法，最终埋骨异乡与青山为伴，红尘之中鲜有人知，甚至连一抔黄土也没留下。他们这样一生的追求，是在追寻原乡、暖意，还是心有所寄？

死生契阔君莫问，行云流水一孤僧。如今，我在广化寺内一步步走过，也一定踏到了善无畏当年的足痕。我的目光掠过卢舍那，掠过伊水，掠过黄土翠柏，金刚智也曾在这里用他暖暖的目光将它们一一抚摸。祭拜不过是一种形式，我们已触摸过高僧孤绝而执着的精神脉络。

择一方水土与之生死相依。两位高僧结缘洛阳，泽被苍生，衣钵留香。一阵阵烟尘，再一阵阵烟尘，只能让芒鞋僧衣零落成泥，而他们抱守信仰并为之奉献终生的宗教情怀经了千年光阴的淬炼依然能雕镂人心，永不漫漶。

叩问永宁寺塔

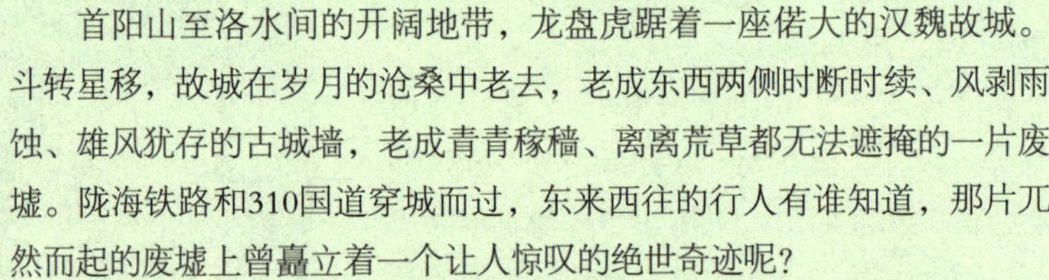

逯玉克｜文

首阳山至洛水间的开阔地带，龙盘虎踞着一座偌大的汉魏故城。斗转星移，故城在岁月的沧桑中老去，老成东西两侧时断时续、风剥雨蚀、雄风犹存的古城墙，老成青青稼穑、离离荒草都无法遮掩的一片废墟。陇海铁路和310国道穿城而过，东来西往的行人有谁知道，那片兀然而起的废墟上曾矗立着一个让人惊叹的绝世奇迹呢？

北魏是个尊崇佛教的朝代，它迁都洛阳后做了两件崇佛的大事：一是在都城东南的伊阙（隋炀帝时改称“龙门”）西山石壁上开窟造像；二是在都城内外建寺修塔。

塔最初起源于印度，为存放或纪念佛祖舍利而造，后来成了佛的象征。鼎盛时期，洛都伽蓝遍布，参差林立着一千三百余座高高低低、形态各异的佛塔！可谓“北魏一千三百寺，都在佛风禅韵中”。

让人不可思议的是，距“释源”“祖庭”白马寺咫尺之遥的皇家佛苑永宁寺，居然匪夷所思地高耸着一座“九层浮图，去地千尺”“去京师百里，已遥见之”的木制佛塔！

北魏杨炫之的《洛阳伽蓝记》这样描述：“殚土木之功，穷造型之巧，佛事精妙，不可思议，绣柱金铺，骇人心目。”可以想象，当时万人空巷、观者如潮的轰动应不亚于上海外滩的“东方明珠”。

然而令人痛惜的是，永宁寺却并未“永宁”，18年后，这座“损费金碧、不恤众庶”的木塔，居然在春寒料峭的二月间被雷电击中，化为一支燃烧的通天巨烛。当时雷雨晦暝，杂下霰雪，百姓道俗，咸来观火。悲哀之声，震动京邑。时有三比丘，赴火而死。火经三月不灭，周年犹有烟气。

【作者简介】

逯玉克，河南洛阳人。逯姓生僻，经常被“逮”，江湖人称“逮哥”。主编有《芳草青青（散文卷）》《河洛散文百家》《洛风——河洛散文选》，出版有散文集《三川烟雨》《野生的月色》等。

也许，你原本可以屹立1800年，你原本会使杭州六和塔、苏州虎丘塔、登封嵩岳寺塔等望峰息心的，但那场罪恶的孽火却让你永远地定格在了18岁！几十年之后，崇佛的北魏也消亡在乱世尘烟中。

阿弥陀佛，一座为佛而建的绝世高塔不为佛佑反被火所焚，成为世人心中永远的痛。深深惋惜中，世人用一个动人的传说来抚慰心中的感伤。《洛阳伽蓝记》载："其年五月中，有人从象郡来，云：'见浮图于海中，光明照耀，俨然如新，海上之民咸皆见之。俄然雾起，浮图遂隐。'"哦，原来中原佛塔未真灭，是东移教化另一方人民去了。

那场大火，让后人灼痛了一千四百多年，洛阳历史学家徐金星先生扼腕长叹：以今天的眼光来看，那场大火等于烧掉了一个龙门石窟，烧掉了一处世界文化遗产，烧掉了洛阳最为丰富的旅游资源。

高耸云天的永宁寺佛塔在北魏的天空高耸了18年，何以很少有吟咏的诗文流传？可否是以儒学为正统的士子对朝廷弘扬佛教、大兴土木的一种不满和抵制？

我从不怀疑佛塔的存在，有历史记载为证，有至今尚存的塔基为证，我更不怀疑它"庄严焕炳，世所未闻"的华丽奇巧，我只是难以置信：一千四百多年前，区区百平米的塔基，如何支撑起这埃菲尔铁塔之前，和金字塔等高的147米的世界最高建筑？

的确，矗立在中华文明和佛教历史深处，矗立在后人无尽的追忆、惋惜和想象中的永宁寺佛塔，高擎着一个亘古未有的奇迹，但它只是一个技术和艺术层面的建筑奇迹，而我深层关注的是对它历史意义的探究。谁能告诉我，那高耸入云的巍峨，那雕梁画栋的华丽，那不可思议的精巧，是教化世人、劝导人心的治国安邦之策，还是走火入魔、误入歧途的劳民伤财之举？

一千四百余年叹息着过去了，而今，那丘朝代更迭中沧桑的废墟，那处盛衰兴亡里岑寂的遗址，留给后人的该是怎样的启迪与了悟呢？

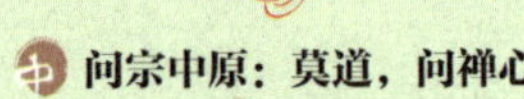

听趣风穴山

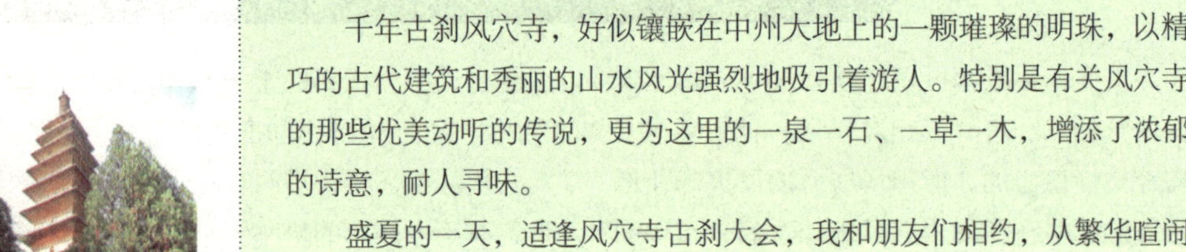

郭进栓 | 文

【作者简介】

郭进栓，笔名“智泉”“郭笑”，河南汝州人。平顶山市作协副主席。著有长篇小说《美女山，美人河》《天地人心》，散文集《汝州风貌》《人间真情》，长篇报告文学《湛河大决战》《从市长到死囚》，剧本《无品乡官》《鹰击长空》等。

千年古刹风穴寺，好似镶嵌在中州大地上的一颗璀璨的明珠，以精巧的古代建筑和秀丽的山水风光强烈地吸引着游人。特别是有关风穴寺的那些优美动听的传说，更为这里的一泉一石、一草一木，增添了浓郁的诗意，耐人寻味。

盛夏的一天，适逢风穴寺古刹大会，我和朋友们相约，从繁华喧闹的汝州古城出发，驱车东北行九公里，便来到了风穴寺。文物保管所的吴元忠所长热情地接待了我们。

老吴指着寺周围的柏林，给我们讲起了故事。

相传，在很久以前，八仙听说风穴寺风景秀丽，便相约来到这里游玩。时值盛暑炎夏，到了中午，他们一个个热得汗流浃背，想找个阴凉地儿歇歇，可是连棵树也没找到。一问寺里的方丈，方知这山净是石头，根本种不成树。于是八仙一商量，决定给百姓们办点儿好事：种树。可是究竟种什么树呢？有的说插柳，有的说种杨，张果老却说：“依我看，这里的山，石多土少，种名贵树不好活，要种就种那生命力强、耐旱的柏树吧，以葆四季常青。”大家都同意。可是，往哪儿弄水呢？仙人种树人间的水不能使，必须用王母娘娘蟠桃园里的神水。于是，何仙姑自告奋勇去天上借水，其他几位去采种。他们在半空中把风穴寺方圆百里都撒上了树种，何仙姑又用从天上借来的水一浇，漫山遍野都长出了柏树。冬天下大雪了，王母娘娘出来闲转，一看风穴寺的雪景越发美了，便想把这块地要过来归自己，就派风神去说：“种树用那水是王母娘娘的，这树应该归她。”八仙不给，还打了风神一顿。王母娘娘一听恼羞成怒，就派火神去把柏林焚烧掉！八仙正因打了风神，怕在王母娘娘跟前吃罪不起，忽见柏林冒起狼烟，赶紧救火，可水泼上去像浇了油，火更大啦！铁拐李赶紧拿起酒葫芦，把何仙姑从天上弄来的、剩下的那点天水一泼，大火灭啦。可几十里的柏林已被烧去多半了，只剩下风穴寺周围的，不仅没被烧掉，而且竟长得越发旺盛了。

我们步下一段曲曲弯弯的石阶，来到一座龙头欲摇的小桥头，老吴说："这是接圣桥。听说清朝时乾隆皇帝曾来游风穴寺，一进寺就觉得这里十分美丽，一口气把风穴寺八大景、三十二小景、七十二福地转完了。一转完，他便叫随从取出笔，亲自写了'大雄宝殿'四个字，赠给寺里。接着，他又出东月门朝观音阁走去。寺院方丈看皇上高兴，随即折一根竹竿，嘴里咕哝几句，竹竿变成了九曲拐棍儿。他把这拐棍儿献给了皇帝。乾隆拄着拐棍儿到了这座小桥上，看到前方挂着珍珠帘一般的瀑布，一时诗兴大发，说道：'翠竹青，青山绿水甲天下。'那方丈也随口接上一句：'接圣桥，桥上皇恩满九州。'乾隆没想到方丈这么有才气，笑着说：'接圣桥，好，好！'方丈一听，赶紧合十躬身，谢主龙恩。从此，这小石桥就叫'接圣桥'了。"

老吴指着大慈泉说："风穴寺才盖起那会儿，听说香客们光给老佛爷、观世音烧香上供，没有龙王的事儿。龙王恼了，就把这一带的雨水停了，把地下的水也掐了。有一年赶会的人都渴了，到处找水，就在这时，一个人从远处挑来一挑水，大家争先恐后地抢着要喝，结果把水桶挤翻了，谁也没能喝上一口水。老龙王听见吵闹声，扒开云彩一看笑着说：'你们不能了吧？光巴结菩萨、佛爷，叫他们给你们水喝吧！'正说着，观音菩萨拿着玉净瓶来了，责问龙王：'你没看这一带老百姓极需水吗？'龙王一脸的鄙夷不屑，说：'你管得了我吗？这下雨的权在我手里，我想咋下就咋下！'观音也恼了：'你要再不下雨，咱找玉皇大帝说

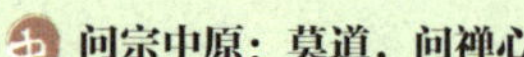

理去！’‘去就去！’龙王刚想走，见观音还不动，看着下头的老百姓直掉泪。再仔细一看，只见观音手拿玉净瓶，把瓶儿往下一倒，瓶里滴出两滴水来。

“不多时，便有两股泉水从那山崖里流了出来，泉水又清又亮。龙王气得没法儿，只好溜走了。瞧！那两股清泉现在还在观音阁后头流着哩，东北角那一股叫‘东龙眼泉’，西北角那一股叫‘西龙眼泉’。两股泉流不多远，又潜入地下，到观音阁前头又流出地面，涌进一个大水池里。都说那是怕龙王见了生气再给掐断，才潜入地下的。这水池因为有观音看着，龙王也无可奈何。老百姓忘不了观音的大慈大悲，就把这泉水叫作‘大慈泉’。据说，喝了大慈泉的水还能返老还童哩。”

出观音阁西行约百步，便来到了“风穴八景”之一的“珍珠帘”。只见峭壁的岩石向外伸展着，活像一只凌空展翅的雄鹰。一块巨石更是斜立峰巅，摇摇欲坠，一股飞流便从它的脚下奔腾而出、倾泻而下，溅起满天雾珠，鸣若惊雷，声震数里。置身于千尺飞练之下，我不禁想起了明代汝州进士张维新描写“珍珠帘”的诗句：

悬崖绝壁挂碧流，
明珠错落几千秋。
却疑玉女虚无里，
日日垂帘不上钩。

山区天，孩儿脸，说变就变。刚才还是碧空如洗，眨眼间，黑云已像一把大伞遮在头顶。老吴说这是风穴寺有名的“净寺雨”。果然，不一会儿就电闪雷鸣，山风裹挟着暴雨，劈头盖脸地猛浇了下来。老吴领我们登上了寺西南侧的三层台阁钟楼避雨。放眼望去，远山近水，烟雨蒙蒙，柏林危崖，时隐时现。整个古寺，云腾雾绕，似乎处于仙境之中，令人有腾云驾雾之感。看着这浓墨泼洒的美妙图画，沐着满楼的清风，我们完全沉醉在了浓如醇酒的意境之中。

老吴说：“提起这‘净寺雨’，还有一

段故事呢！传说西天极乐世界有两个散花天女，在农历六月十九这天，驾着祥云乘着香风，漫游至汝州地界。忽听一阵喧嚷的人声，她们按住云头往下一看，只见风穴寺香烟缭绕、车水马龙。于是，她们就变成农家妯娌二人，在熙熙攘攘的人群中转悠。风穴寺那青青的山、绿绿的水、烂漫的野花、葱茏的柏林、巍峨的殿阁，使她们眼花缭乱。她俩转呀转，出大雄宝殿，绕过七祖塔，跨过接圣桥，登上望州亭，越转兴致越大，越看劲头儿越足。一直转到后半夜，她俩才来到一处僻静的山坳里，准备采些山花，带回西天奉献给佛祖。

“再说离风穴寺不远，有个恶霸叫‘坏水儿’。他明明知道六月十九这天，风穴寺是妇女们聚会的地方，但他还是厚着脸皮，在妇女群中挤来钻去。当他看到那两个散花仙女时，顿时口水直流，他暗自嘀咕道：‘这一对如花似玉的美人儿，我咋从来没见过呢？今儿个碰到我，岂能让她们白白走掉？’当晚，散花仙女刚把采来的几束山花放进花篮，忽见几个黑影一拥而上，把她俩按倒在地，捆了手脚。坏水儿一声令下：‘带回府去，立刻跟我成亲！’这时，两位仙女不约而同地张开樱桃似的小嘴，把满嘴的唾沫朝那恶少的脸上吐去，随着‘呸’的一声，雷鸣电闪，那唾沫顿时变作瓢泼大雨下了起来。那坏水儿和他的打手们来不及躲避，被这突如其来的大雨淋得晕头转向，脚下一滑，跌进了那顺坡而下的激流中，结束了他们罪恶的一生。两个仙女也随着那‘呸’的一声，化作一团烟云，回西天去了。俩仙女回西天以后，每逢农历六月十九日，仍忍不住要在一起谈论风穴寺的诸番胜景。当谈到那个作恶多端的坏水儿时，总是恶心得吐几口唾沫。这些唾沫都会变成雨，降落在风穴寺。多少年来，每到这一天，风穴寺都要下雨。这场雨，把人们抛弃在寺院内的垃圾冲洗得干干净净。所以，当地人都把这场雨叫作‘净寺雨’。”

我们步下那飞檐挑角、造型古朴的钟楼，又来到了七祖塔下。细品着用清冽甘醇的大慈泉水冲泡的香茶，真是满口甘香、生津止渴。

我们又听主人讲起了古寺的来历：“传说始建寺院时，院址原选在离此寺东北五里的白马石沟。当物料齐备时，夜风大起，将料卷到了这风穴山上。因风点穴，再加上东山和西山分别有大风穴洞和小风穴洞，寺院故名‘风穴寺’。相传，唐初，在一个赤日炎炎、千里流火的盛夏之日，恰逢重修该寺，忽有一朵白云遮住寺院，经久不散，故又名‘白云寺’。”

我们刚出寺庙，天便放晴了，雾散云开，乌云惊退，天空碧蓝如洗，一道彩虹横跨山间。我们踏上了归途，落日的余晖轻轻洒向风穴山，映照得风穴寺更加金碧辉煌，真像点缀在壮美画卷中的一颗璀璨明珠。

雪中探访风穴山

孙利芳 | 文

大年初五，天降祥瑞。望着铺天盖地的飞雪，我突然很想探访家乡的名胜古迹风穴寺。从小到大，已不知去过风穴寺多少次，但还从来没有在漫天飞雪中拜访过。我抑制不住内心的期盼，抓起一件红色羽绒服顶着飞雪来到公交站。大雪封路，班车停开，我决意冒雪步行前往。

风穴寺位于河南省汝州市城北，始建于东汉初年，因寺东西两山上分别有大小风穴洞而得名，与嵩山少林寺、洛阳白马寺、开封大相国寺齐名，并称为“中原四大名刹”。风穴寺北有紫霄峰，侧有紫云峰、纱帽峰、香炉峰等九条山脉逶迤相连，朝向寺院，有“九龙朝风穴，莲台建古刹”之誉。又因寺院坐落于嵩山南麓群峰之间的山坳里，又名“千峰寺”，唐时又叫“香积寺”，经北魏、唐、宋、元、明、清，至今保存完好。1963年被确定为河南省重点文物保护单位，1988年被国务院批准为第三批国家重点文物保护单位，是中国最古老的佛寺之一。

雪花在寂静的乡间小路上吟唱着“簌簌”的歌声，一片片亲吻着我的脸颊、发梢，在雪野中行进，在快乐中期盼，雪中的风穴寺该是怎样的美丽？

经过两个多小时的冒雪前行，远远地，古朴大方、高高耸立的山门出现在眼前。穿过山门，幽静的小道上偶尔传来一两声鸟鸣，打破了寂静的山野。

右侧，静谧肃穆的“夷园”悄然而立，这是唐代著名诗人刘希夷的墓园。刘希夷以其豪放的风格开创了初唐的新诗风，风流蕴藉，和婉明丽，交融着情景韵致，被《正声集》誉为“初唐才子第一人”。吟诵着他“年年岁岁花相似，岁岁年年人不同”的千古绝唱，感受着初唐诗歌

【作者简介】

孙利芳，河南汝州人。汝州市青年科技专家，汝州地矿局职工。

的清新诗风，我继续向前行进。

左侧，洁白山坡上一大片塔林出现在眼前，这是风穴寺的景点之一——塔林。风穴寺塔林分上下两个塔林，共有元明清三代一百多座古塔，是历代僧人的墓塔，有正方形、长方形、六角形、八角形、圆形等，形态各异，式样繁多，历史价值极高，是研究我国古代砖石建筑、雕刻和书法艺术的宝库，是河南省仅次于少林寺的第二大塔林。塔林在飞舞的雪花中穆然挺立，见证着历史的沧桑变迁，坦然接受着岁月的洗礼磨砺。

远远地，“白云禅寺”几个大字出现在洁白雪花铺就的通往寺院的道路前方，紧跑几步满怀喜悦地踏进寺门。

“千峰深处卧烟霞，雪缀山房树树花。”进入寺中，葱茏的古柏在大雪的映衬下更加青翠挺拔，让人不由得吟诵起“大雪压青松，青松挺且直。要知松高洁，待到雪化时”的壮丽诗篇，一腔豪情壮志令人热血沸腾。

风穴寺内保存着唐宋元明清历代建筑，共有殿、阁、楼、台一百四十余处，被专家称为“古建筑博物馆”。最完整的三座建筑是唐代七祖塔、宋代悬钟阁和金代中佛殿，被称为风穴寺“三大国宝”。

七祖塔，是风穴寺塔林中的翘楚，建于唐开元二十六年（公元738年），唐玄宗赐名“七祖塔”，为全国七大唐塔之一。塔为四方形，九层，密檐式空心砖结构，塔高27米，塔的各部比例均匀，造型优美，叠涩出檐，檐下呈弧形反曲线，体现了唐代早期密檐的典型风格。塔身从下向上由细渐粗，至中部又由粗变细，呈抛物线状，远看妩媚流畅，犹如火焰升起，古朴秀丽。巍峨高耸的塔身完全被白雪覆盖，银装素裹，分外妖娆，更显出一层神秘典雅的色彩。

建于宋代的悬钟阁是三檐歇山式，建于六米多高的方形石台上，飞檐挑角。阁内悬挂一口宋宣和七年（公元1125年）的铁铸大钟，重9999斤，造型浑厚古朴，铭文清晰，被誉为“中原第一钟”。

中佛殿是河南省保存最完整的金代殿堂

建筑，面阔、进深均为三间，单檐歇山九脊顶，梁架结构科学严谨，图案规正，比例适当。建于高一米五的砖台上，飞檐挑角，古朴大方，设计精巧，似展翅欲飞。殿内有石雕、木刻，佛像、菩萨等形神兼备，刚劲潇洒。

寺内的各式建筑，错落有致，精雕细刻。古代工匠充分利用木质结构的特点，创造出屋顶举折，屋面起翘、出翘，状如鸟翼伸展欲飞的柔和优美曲线，再加上屋脊和梁端雕刻上精美的雕饰，配以丹红柱子门窗、蓝绿色房檐，点缀上金线金点红点，使得整个建筑的彩色图案更加活泼亮丽，风格各不相同。如今，在白雪的装扮下更加古朴典雅、雄伟壮观，我不禁为古代劳动人民的智慧而赞叹不已。

往前行进，隐隐约约传来叮叮咚咚的流水声，这就是“风穴八景”之一的大慈泉水了。“清溪积冷泉犹咽”，冰天雪地之中，大慈泉水依然清澈温暖，泉水涓涓流淌，在皑皑白雪中散发着袅袅水雾，仿佛一条小小的银龙穿越寺院。大慈泉水不仅清澈甘冽、水色清醇，而且一年四季从不间断，涝不涨水，旱不减水，冬不结冰。往上一路寻去，除了一片百年的翠绿竹林，水源却悄然不见，无处寻觅。上面既无大的湖泊、水库，也无瀑布、溪流，难道是无源之水天上来吗？

原来，风穴寺依山而建，群山环绕，地处谷底，四面山势便构成了几个巨大的汇水坡，所有的雨水都顺山势汇聚而下。而风穴寺附近的山坡又大都是厚厚的麦饭石岩层结构，麦饭石岩层把汇聚的雨水层层吸附并储存起来，一点点渗透最终汇聚形成一股涓涓细流注入谷

底寺中的大慈泉，形成了冬夏流淌从不间断的“神奇之水”。而且通过麦饭石本身，以及生长在麦饭石岩层之上的翠竹和何首乌等绿色植被根系的过滤后，大慈泉水就成了延年益寿、补益精血、清热解毒的“圣水”了。掬一把泉水洗把脸，顿觉神清气爽、心旷神怡。

继续向前走，通过“曲径通幽”之门，来到另外一处清雅之地。四季翠绿的古柏葱茏茂盛，如今披上了洁白的冬装，更加清幽静雅、妙趣横生。大雪纷飞中，“曲径通幽”的意境也更加美妙纯净了！

拾级而上，穿越罗汉殿，便是风穴寺的最高处望州亭了。“千里冰封，万里雪飘”“山舞银蛇，原驰蜡象”的北国风光展现在眼前。举目远眺，北边是中岳嵩山与之遥相呼应，东面是翠柏、白雪、亭阁耸立，南边是秀丽的汝水河和古城汝州。

站在望州亭上，临亭俯瞰，风穴寺全景尽收眼底，雪中的风穴寺如此迷人美丽：两山夹道，峰峦秀拔，苍柏叠翠，清泉侧流，宝塔高耸，殿阁巍峨，碑碣林立……我不禁吟诵起了王维的《过香积寺》：“不知香积寺，数里入云峰。古木无人径，深山何处钟。泉声咽危石，日色冷青松。薄暮空潭曲，安禅制毒龙！”

矗立千年的风穴寺，地处群山环绕的谷底，距今已有一千八百多年的历史，期间经历了无数次泥石流、洪水等自然灾害，经历了岁月无情的侵蚀，却缘何能千年不倒、庄严矗立？

2014年4月16日，中央电视台科教频道《地理中国》之《风穴寺之谜》为我们揭开了谜底：原来古代人民在寺院的东西两侧利用洪水冲刷出的沟壑，修建了两条沟渠，巧妙地分流了凶猛的山洪和泥石流，减少了对寺庙的冲击力，才使得风穴寺躲过无数次自然灾害而千年矗立。

风穴寺不仅是祖国灿烂的文化遗产，还验证着天人合一、人与自然和谐相处的哲学理念。我爱你，故乡的千年古刹风穴寺，我更爱家乡劳动人民的勤劳和智慧。

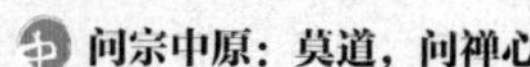

阴凉浮图地

贾国勇 | 文

【作者简介】

贾国勇，笔名“释演永”“游勇”，河南淮阳人。中国作协会员。著有“中国当代刑侦大师系列”《测出的不仅是心跳》《致命谈判》《谜底就在现场》《命案现场》《神探》《心灵捕手》，“反腐长篇小说系列”《市长命案》《市长夫人》《市长官邸》，散文集《立地成佛》。创作投拍了电视剧《捕狼人》《命案现场》《完美指控》等。

我写《卢舍那大佛走过的山道》一文时，已经走过了这条路，也朝拜了位于石人山深处的文殊寺。只是不知道这条路叫“石林路”，更不知道石林路始于石人山、终于林彪地下军事指挥所，只知道这条路如缎带一样飘逸在石人山深处，遇山缠绕，逢水挺腰，穿越丛林，踏破石岭，其转弯之陡、高低之峭让人望而生畏。

可是，在一千多年前的唐会昌元年（公元841年），日本高僧慧萼禅师却无畏地从这条路上走过。那个时候，石林路定然还只是羊肠小道，不，或许根本就没有路，只有山洪暴发时冲出的山涧河道，怪石林立下的荒草芜棵中，即使是采药人也没有留下脚印。慧萼禅师背着从五台山请来的观音菩萨金身一路向南准备回东瀛传法，尽管石人山地势险要、道路崎岖，一颗传法的心支撑着慧萼禅师前行不止。当慧萼禅师走到如今的文殊寺时，看到五棵高大的银杏树熠熠生辉，就从佛龛中取出观音菩萨金身，恭恭敬敬放在银杏树下，燃香礼佛。

这条路在慧萼禅师走过之前，大诗人杜甫写下“便下襄阳向洛阳”时已走过，尽管处处艰难、时时险阻，却没阻挡住杜甫回归故里巩义的脚步；元稹在赴江陵府的路上，走过石林路，写下了“崔嵬分水岭，高下与云平。上有分流水，东西随势倾”的诗篇；而孟郊再过石林路时，想到了元稹的诗句，体味着山水之险，写下了“十步九举辔，回环失西东。溪水变为雨，悬崖阴濛濛”的诗章。

这一天，是2013年4月4日，适逢清明节，我和妻子带着年迈的大姐沿着这条承载着佛法东传重任的古道走进了伏牛山东麓的石人山，走进了石人山深处的文殊寺。

大姐和我的属相同是“马”，只是她比我大整整一轮。我5岁的时候，母亲患上了精神病，大姐就担负起了看护我的责任，做饭、缝补衣服，哪一样都没有离开过大姐。当我在外玩耍到天黑不知道回家的时候，是大姐到处跑着找我，把浑身是汗的我赶回家，给我端水冲去身上的泥土；我脱去稚服参加工作的第一天，是大姐亲自把我送到工作岗位上，叮嘱不已；恋爱的时候，我把女朋友拉到大姐面前，让大姐评点，导致女朋友吃醋地说我敬大姐如母亲。

说实话，在我心中，大姐确实如母亲一样值得我尊敬。我曾许下愿心，要好好地孝顺大姐，给大姐幸福。但是，由于我年轻的时候生活过得艰难，加之心性没有成熟，怨心甚重，所许的愿便一直没能实现；今年，大姐从老家淮阳到郑州来，跟着儿子照看孙子，清明节的时候，我就带上大姐来到了这石人山深处的文殊寺烧香礼佛，也算是尽了一番心意。

从207国道旁一个叫“前庄”的行政村下路，就拐上了石林路。刚开始时道路还算平坦，两旁的田地还能看到庄稼及蔬菜泛绿，由于天旱，田地里的农人们正忙着抗旱，不时可以看到喷灌的水龙划过天空。没有多久，路开始剧烈地转弯，像一条粗粗的缆绳拧来拧去，眼前总是弯道，总是青山。我不由得紧张地抓紧方向盘，沿着路上标的路线行驶，唯恐一不留神，就会从对面的转弯处钻出一辆车来发生碰撞，那样，车辆就会掉进路边悬崖下的白云深处了。更让人提心吊胆的，是那上行的急转弯道，前方看不到青山也看不到绿水，只有白云片片，似乎是车到前方已无路，要插翅上天了。开到路的尽头处才发现弯道，只有猛地打一把方向盘，汽车像飞机降落时一样，迎着白云俯冲而下。

司机的紧张并没有打扰乘车人的兴致，大姐非常高兴，久处平原的她还从没有到过大山深处，不停地告诉我闪过她眼前的景色。探头看云时，大姐非常高兴，就告诉我说："山下全被白云盖住了，那远处的山，就像是大海中的仙岛。"看到山坡上的花时，大姐露出了惊奇的表情说："你看那些花，都连成片了，谁种的？什么花？开得真艳。"看到沟谷中的溪水时，大姐更是赞叹不已："这水真蓝、真清，能看到水下面的石头，一定有鱼！"

就这样，在大姐连连的惊喜声中，我们来到了大山深处的文殊寺跟前。

从车中下来时，听我讲了当年慧萼禅师从五台山背观音菩萨金身走过这条山道准备到东瀛传法的故事，大家都不由得感叹起佛教传法的不易来。确实如此，佛法在中国屡遭劫难，几度中兴，尽管传法不易，因了正法，使之得以在中国发展壮大。同所有的佛教徒一样，慧萼禅师没有畏惧道路坎坷，他背着佛龛不仅走出了石人山，也走出了风餐露宿的困惑，走出了千回百转的心灵迷途，终于到了浙江的普陀山，背着佛龛坐上了返回东瀛的客船。

当慧萼禅师乘坐的客船离开普陀山时，海面上突然刮起了台风，并且，有无数的莲花浮出水面，把客船紧紧地围住。客船左冲右撞硬要前行时，迎面撞上了水下的暗礁，再也无法前行了。这个时候，慧萼禅师才明白，这是观音菩萨显灵，不愿去日本。于是，他焚香祷告，请观音菩萨就地驻锡，在普陀山建起了一座观音道场。

当慧萼禅师在普陀山建观音道场时，因慧萼曾在那五棵银杏树下礼过佛，石人山也因了观音菩萨的光临开始佛恩泽众。为纪念

观音菩萨从文殊菩萨道场五台山的到来，众信徒在那五棵银杏树下建起了文殊庵，主殿供奉文殊菩萨，东殿供奉观音菩萨，西殿则供奉鲁山的山神鲁班。如今，沧海桑田，昔日的文殊庵已经演化成了如今的文殊寺，成了豫西南众信徒礼佛的圣地。

清道光二十五年（公元1845年）镌刻的《重修文殊庵俺窟沱碑记》记载："鲁邑西南偏山坳之间，旧有文殊庵俺窟沱寺，白云为藩，青嶂为屏，绿竹映阶，银杏封宇，即古之丹邱殊林无以过之。"1990年，鲁山人张怀发在其写的《三千龄"公孙隐士"家族奇观》一文中介绍了当年石人山中的那五棵银杏树："犹如擎天力士、立地巾帼，树冠耸颈振翼，盘枝互插，扭抱一团，形似巨伞，遮盖盆底。树高四十米，冠幅逾百米。春夏时节，犹如平湖上涌起的一座翡翠塔；霜染艳秋，满树簇簇橙红扇叶，犹如深谷喷发而出的一座火焰山；冬雪凝峰，雾霭悬树，更见铁干虬枝盘旋，形如苍龙出海、银蛇飞舞。"

和大姐站在当年慧萼禅师礼佛的那五棵银杏树下时，我心中突然生出许多感慨来。论起佛教的历史，远远没有这五棵银杏树年代久远，即使从佛祖诞生人间那一刻算起，也没有这五棵银杏树的年龄大。但是，因了修行，古印度迦毗罗卫国的王子乔达摩•悉达多开创了佛教，成了释迦牟尼佛；而这五棵银杏树却依然没有开悟，站立了几千年，到现在才能为文殊寺遮风挡雨。

深山无路佛来化，从林深深僧自修。站在文殊寺前，人们才会认识到佛陀的伟大与撒向人间的慈悲。因为佛陀的存在，人们才有了了却生死困惑的可能；因为观音菩萨的到来，深山中的这五棵银杏树才有了沐浴佛恩的机会；因为文殊寺的存在，石人山的众生才有了机会来印证佛祖走过的路……

走出文殊寺，忽听梵音徐起，瞬息之间，整个石人山已陷入了一派肃穆之中。放眼望去，我似乎看到了唐会昌元年孑然行走在石林山道上的慧萼禅师，也看到了山谷中那五棵如顶冠成荫的银杏，张开了怀抱，挥舞着手臂在等待着观音的到来……

百废待兴定国寺

梨花飘飘｜文

农历九月十五，我怀着十分崇敬的心情，乘车来到了慕名已久的定国寺，探寻佛教在安阳的兴衰历史，感受佛教的博大精深。

定国寺位于河南省安阳市东北侧九公里处的韩陵山之顶，西临京港澳高速公路，东临石武高铁线，北临九曲漳河，南依滔滔洹河，有着优越的地理位置和便利的交通条件。

车轮滚滚，鸣笛声声，我们从安阳市区驱车向东北九公里处的安阳县韩陵山驶去。韩陵山，名山，实丘，海拔近百米。“安阳八景”之一的“韩陵秋霁”就在这儿。这里曾是汉代大将军韩信的屯兵处。相传韩信在此驻守期间，有一天到山脚下去，看见一白发老媪正在给人洗衣服。老媪满脸的皱纹和缕缕白发让韩信想起了自己的母亲，于是把她认作义母。老人暴病而亡后，韩信将她葬于此地，故称“韩陵”。

据史料记载，丞相高欢为纪念韩陵山大捷，于北魏孝武帝永熙二年（公元533年），在山顶建定国寺，树碑旌功。大才子御史温子昇撰写的“韩陵山寺”碑文，潇洒流畅，寓意深刻，文采绚丽，令南朝遣派使臣庾信赞不绝口，不少文人学士争相传抄，故称此碑为“韩陵片石”，成为“安阳八景”之一。

当时的定国寺占地一百多亩，南北长方形院落，纵深设五层大殿，雕梁画栋，雄伟壮观，一度香火旺盛、高僧辈出，闻名于国内外。然而，斗转星移，沧海桑田，由于朝代更迭，历经战乱，千年古寺，毁于一旦，到1951年，定国寺已是面目全非。90年代被安阳县、市宗教局先后批准为正式佛教活动场所。

法不孤起，遇缘则兴。就在定国寺百废待兴、无依无靠之时，1997

【作者简介】

梨花飘飘，河南驻马店人。现居河南安阳。

年秋，上法下空法师千里迢迢来到安阳，以大悲心大智慧眼观此地，不见三宝，无有僧团，弘法力微，几乎衰弱到了极点。面对着穷乡僻壤，且又有负债的惨淡景象，应当地僧众弟子渴求苦留，上法下空法师慈爱众生之大悲心自然流露，发大誓愿，做狮子吼，毅然接手了定国寺。从此，开始了常人无法想象的创建金刚道场之艰难历程。上法下空法师受任于颓废之壤，应允于磨难之间，发深宏大愿，报佛祖深恩，开甘露门堂，励精图治，于满目疮痍的一片废墟之上，修建简易房屋46间，使出家僧众勉强有了栖身之处。法师带领僧众惜时如金，清苦精进，提振宗风，经年坚持子夜上殿礼佛诵经，勤修戒定慧，每天讲经说法，从无间断，兴成如法如律、精进修持之大道场。上法下空法师真修实干的光辉榜样迅速传开，弟子们欢欣鼓舞，人天称颂，道风日隆，善男信女，与日俱增，全国各地在家居士无不欢喜亲近法师。法师以大悲心慈爱众生，劝众行善，广结善缘，收皈依弟子一千四百多人，而全国各地闻听法师事迹后生欢喜心欲亲近法师者，更是源源不断。定国寺荣获“模范宗教活动场所”的光荣称号，这一切更是为定国寺的兴旺发达锦上添花。

不一会儿，我们来到定国寺前。下车一看，我多少有点失落，难道出现在眼前的就是赫赫有名的定国寺？没有山门，我们是从一侧的一扇铁门进入院内的；没有主殿，少有庄严肃穆的氛围。北侧有一处建筑正在施工，水泥浇筑的地基已初现这一建筑的轮廓，南面不远是刚刚落成的一座大殿，在这一大殿东西两侧各有一座小楼，院内还有几间破旧的房屋，整个寺院一览无余。

智者乐山，仁者乐水。我喜欢游览祖国的山川，也喜欢拜访各地的寺院，曾去过洛阳的白马寺、开封的大相国寺，以及嵩山的少林寺、会善寺和法王寺，还有山西五台山的显通寺、北京八大处的灵光寺。与这些寺院相比，眼前的定国寺显然太过单薄了。同来的居士王师父说：现在定国寺正处在兴建阶段，那座新殿是地藏殿，于2010年奠基，刚建成不久。寺内的建筑大都是在上法下空法师来到之后所建，倾注了他大量的心血和

汗水，定国寺之所以有今天，法师功德无量。2004年建三圣殿、藏经楼，2005年建客堂、流通处，2006年至2007年间建东楼配殿，2009年建西楼祇园精舍，2012年3月大雄宝殿奠基，现如今已完成地基和地下室水泥浇筑。寺院整体规划图已经设计完成，扩建所需土地征收完毕，虽说现在的定国寺规模不大，但不久的将来，一个崭新的定国寺将出现在人们面前。

听完王师父一席话，我对定国寺的未来发展充满了信心，对上法下空法师呕心沥血弘扬佛法的精神感到由衷的钦佩。

踏上五级台阶，迈步走进地藏殿，迎面站立一尊五面十臂佛铜像，门两侧供奉地藏王菩萨、观音菩萨、文殊菩萨、普贤菩萨等。转身来到大殿正面，地藏王端坐在两米多高的莲花宝座上，右手九环锡杖震开地狱之门，左手明珠发出三昧真火照亮地狱之黑暗，放大光明，让受苦的众生能够离苦得乐。一长者与一年轻的小和尚站立左右，为地藏王菩萨的左右协侍。长者为闵公长老，少的是他的儿子。相传唐代时新罗王子金乔觉出家为僧，法名“地藏”，到九华山修行时得到了当地闵公父子的供养，后来闵公的儿子跟随金乔觉出家，法号“道明”。由于闵公的儿子先出了家，所以是地藏菩萨的左协侍，闵公是右协侍（左协侍的地位高于右协侍）。在闵公和道明两侧的彩色墙壁外，各有一副对联，一副为：

悲愿宏深度尽众生除热恼，
恩威昭示化施地狱现清凉。

另一副为：

现慈悲法身多方普度有情，
作大愿教主到处广施法雨。

法语遍洒三千界，般若弘传五大洲。离开寺院之时，一座巍峨壮观的寺院仿佛突然出现在我面前：南面是山门，钟楼、鼓楼东西遥望，正对山门是天王殿，依次是观音殿、地藏殿、大雄宝殿一字排开，大雄宝殿高20米，仿唐式纯木质结构，为唐式二重檐斗庑殿式建筑，黄色琉璃瓦，可谓是金碧辉煌。法堂、藏经楼、方丈院两侧林立，13层万佛塔高高耸立在大雄宝殿一侧。只见香烟缭绕，佛音悠扬，木鱼声声，经声琅琅，善男信女，络绎不绝。在寺院的东侧是综合大楼（内有讲经堂、诵经堂、禅堂、阅览室）、斋堂、居士楼、停车场、佛教文物交流商店街。山门前是较大规模的文化休闲广场，广场内有一大型滴水观音像，手中的玉净瓶不断地倾洒着甘露，两侧是素食美食街，人们可以在这里休息进餐。

有道是：山不在高，有仙则名；庙不在大，有道则兴！我们有理由相信，定国寺这座千年古刹，在上法下空法师的住持下，传承佛法，普度众生，香火一定会更加旺盛。

沧海桑田景德寺

薛更银｜文

乙未新年刚过，迎着黄河故道的风沙，我一个人徒步走到了武陟县最东边的一个村庄——邸部村，从这个村再往东走五六里地，即到了获嘉地界。

踏上村北唯余一痕的古阳堤，我就看到了堤旁那残破的景德寺。遥想当年，李让乘木筏，从陇西沿黄河顺水漂流而下，经历诸番艰难险阻，最终把木筏停靠在了邸部渡口。冥冥中，好像有人在指使着他，是佛的旨意让他在此刻我驻足的地方上岸的吗?

我走近景德寺的时候，风小了，小得几乎令人感觉不到，阳光透过万里无云的天空洒满大地。身上暖洋洋的，仿佛是晚春的气息，只是刚刚泛起鹅黄的柳树和枝丫光秃的杨树，仍在提醒我，此刻尚还是早春。我拦住一个对面而来的中年人，打听景德寺的种种。我想从他这个当地人口中知道点寺庙的故事。中年人憨憨一笑，一把扯掉戴在头上的棕色一把抓帽子，顺手指了指古阳堤南侧几座民房样子的院落，憨笑着说："那就是景德寺，小的时候我们都叫它'包骨寺'，现在人家都叫你说的这个'景德寺'名字了。里面还住有和尚呢！"

我说："你还记得这个寺庙之前的样子吗？"

他思考着，无意识地把一把抓又戴在了头上，摸了半天从口袋里摸出一根香烟，随手带出了打火机，用身子背着风点上了火。夹着烟的手指了指寺庙，嘴和鼻孔喷出一股浓烟，说："我小的时候，这里只是烂砖头疙瘩上有三间土墙的瓦房。听俺姥爷说，他年轻的时候寺庙的房子还很多，大殿又高又大，里面住有和尚，比现在的和尚多多了。俺姥家就是那个村的。"说着用那个夹着烟的手指了指庙前面大约一里多远的

【作者简介】

薛更银，河南武陟人。中国民间文艺家协会会员，中国民俗学会会员，河南省作协会员。现工作于河南省武陟县政协。

村庄，“那这个村叫‘邸部村’，听老人们说，村子的历史可老着呢！”

我期待着他讲下去，可是，或许是由于文化程度的缘故吧，也或许是不善表达，他竟是再也讲不出什么典故来了。

我与他告别，慢慢前行，越走距景德寺越近了。传说中景德寺那恢宏的殿宇呢？景德古寺，像中原大地上其他的寺庙一样，经过时移天换、风吹雨打，渐次飘零，在“文革”的浩劫中彻底被毁。数百间庙宇楼阁，或许能经得住数百年的风吹雨打，却无法承受得起人类自身思潮的朝三暮四、信仰的朝秦暮楚。“革命小将”认为，摧毁几所旧时期修建的古老庙堂，就能彻底扫除人们脑中残余的封建思想，这就是当时的逻辑。只是，随着被摧毁的庙宇倒塌的，还有它们所承载的文化，甚至人类文明的精神家园。

久扣寺门不开，只闻犬吠声起。退后数步，再看看，刺眼红砖墙和狰狞的铁制防盗门，阻断了我这个俗人与佛的亲近，也阻断了我叩问李让祖孙的初愿。

寺庙前莲花池中的水已经枯竭，残存于风中摇曳的荷叶，提醒着来到这里的人，这就是显示菩萨清净庄严的莲花池。池方可十步，正中有菩萨像一尊，西南角有一石碑，为现代人撰刻，时间为公元2001年的10月。

碑刻的记载说：河南省武邑县东四十余里，有邸部镇，唐开元十三年（公元725年），初创菩提院，到宋景德四年（公元1007年），有陇西人李让翁孙重修，改为景德寺。

据碑后落款，我找到了碑文的撰写者——张家凤，一个年届八旬的老者。六十多岁退休后，张家凤老人一直致力于景德寺的复建工作。我陪着张家凤老人再次登上古阳堤，听他给我讲起李让祖孙二人的传奇和景德寺的故事。

唐朝时寺院初创，本名“菩提院”，后

破败。李让具体是什么地方的人，没有谁能说得清。据说，他曾做过七个地方的县令，不幸他的儿子突然亡故，悲痛之下，李让抛家舍业，只身一人由陇西乘一木筏顺流而下。他上木筏的时候，曾对空发愿，木筏停处即是自己的修行道场。天赶地凑，木筏最后就在邸部村附近靠岸了。李让来时，菩提院早已破败了。

李让没怨言，也没抛弃这里，在菩提院潜心修学，砥砺十年。寺院在他的住持下恢复了各处殿宇，只差山门了。李让正为筹集修建山门的善款发愁时，一个年轻人飘然而至，这才成就了一段祖孙相聚的奇缘。

原来，李让离家出走十多年，他的孙子渐渐长大成人，剃度出家，法号“慧裙”。慧裙发愿要找到爷爷，也是依靠一木筏，顺黄河漂流而来，冥冥中似有一股力量，把他也送到了邸部渡。

爷儿俩见面时的感慨和悲喜交加自不必说。慧裙带来了银两，寺院山门得以顺利建成。此后，祖孙二人一心向善，精进修炼，感天动地，后于同年同月同日一起归天。坐化后，尸身不腐不倒，后人用团泥包裹他们的肉身，供奉在神龛之上，这就是人们俗称景德寺为“包骨寺”的缘由。

景德寺内避风尘，
闲游西廊见二神。
白发老翁骨体旧，
少年童子气象新。
当年做官经七任，
如今成佛光万春。
偕问僧人言此事，
翁孙俱为陇西人。

张家凤老人给我背诵了这首不知道是何人作于何代的诗，诗中所说的就是慧裙及其祖父的故事。

我和张家凤老人从古阳堤上下来，再次转到了景德寺山门之外。经张家凤老人的一番联系，终于联系到了庙里的一个师父。张老先生向那师父介绍了我，那师父随即对我表示出异常的亲近，连连说“到者即是缘分”。过山门，进庙内，破败的杂草丛生于角角落落。大殿前出厦铺设的青砖，已经缺角少棱，支撑出厦的柱子被刷成血一样的红色。裸露的机制红砖和已经有折损的单瓦房顶在破坏着寺庙气氛。只有委弃荒草丛中的一对石鼓，还透出一点曾经古寺的气息。

师父是短衣打扮，上身褐蓝色棉袄，像是现在部队战士们里面穿的那种，棉袄上连连扯扯缝补着十几处、两三种颜色的补丁，打着裹腿，脚蹬圆口黄布僧鞋。这身打扮倒是挺应和这寺庙里的景！听他讲了寺庙的历史，和张家凤在碑记上说的差不多，又听着他说了好多无奈！无奈于人们对头上三尺神灵的不恭，无奈于金钱的至上，无奈于人们精神的空虚，无奈于世风的日下……

我凄惶地离开了景德寺，殊有死生契阔之悲凉。太阳已经西坠，又大又红的太阳将我的身影拉得老长老长。我想我身后的影子，一定被景德寺满地的瓦砾弄得支离破碎了。

禹王故道裹挟来黄土高原的沙土，现在成了养育这一方人民的沃野。绿绿的麦苗，枯败的杂草，静静的路上，一个老头骑着空的三轮车。不远处一群羊，吃着杂草和麦苗。

时移境迁，邸部渡没有了，邸部仓没有了，景德寺也一度没有了，这里面没有对，也没有错，只是发生了该发生的，或不该发生的。

在宗教的磨炼期，荒凉是一个必要的条件！

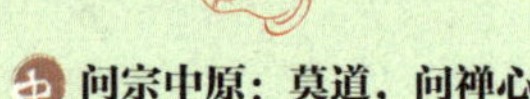

大雄宝殿告诉我……

贾国勇 | 文

【作者简介】

贾国勇，笔名“释演永”“游勇”，河南淮阳人。中国作协会员。著有“中国当代刑侦大师系列”《测出的不仅是心跳》《致命谈判》《谜底就在现场》《命案现场》《神探》《心灵捕手》，“反腐长篇小说系列”《市长命案》《市长夫人》《市长官邸》，散文集《立地成佛》。创作投拍了电视剧《捕狼人》《命案现场》《完美指控》等。

站在清丰普照寺大雄宝殿前，我想了很多。

其中，让我思绪为之飞扬的，还是这座大雄宝殿。

我在想，如果这座大雄宝殿是位高僧，当我这个远方的客人到来时，他一定会告诉我唐上元元年（公元674年）在清丰发生的故事。

我知道，那一年的八月，唐高宗李治自称天皇，封了他喜爱的女人武则天做了天后，为后来的大周王朝的建立奠定了基础。到第二年，也就是上元二年时，因患风眩症痛苦不堪，李治欲让武则天摄政协助处理朝政，遭到了宰相郝处俊的反对。武则天知道后，召集一批文人撰写了《列女传》《臣轨》《百僚新戒》《乐书》等书共计一千余卷，并密令参决百官疏奏，来分解郝处俊的权力。到当年的三月十三日，唐高宗李治不顾大臣反对依然下诏让“武后摄政”。

好一个多情的皇帝，爱美人胜过爱江山，注定将来的李唐王朝易手他人。

可是，唐上元元年这一年，围绕着普照寺又发生了什么呢？为什么会起缘开山普照寺呢？没有人告诉我，我只知道当年这座佛家的道场名叫“圆明寺”。说是“圆明”一词指佛的智慧“圆满普照”之意，出自佛教经典《首楞严经》卷二：“若能移物，则同如来。身心圆明，不动道场。”

噢，我明白了！

“圆明”一词出自佛法经典，深奥难懂得需经二次翻译才能与红尘俗众交流；佛家讲方便法门，“普照”二字简单扼要，走进丛林道场之中，处处可见“佛光普照”之词。武则天是礼佛之人，因了佛光普照，才有了她梦想的实现，才有了唐高宗李治执意让武则天摄政。也是为天下苍生着想，在中国漫长的历史上才有了大周朝的短暂辉煌，有了武家天子的勤政之作。佛教为武则天提供了荫护，武则天也同样为佛教在中国的发展撑起了一片天。于是，她大赦天下，广布皇恩，要求全国各地建设佛教道场。

因缘而起，这天下就多了一座没有传奇的丛林道场，建起普照寺的大雄宝殿，弘法利生，众生得闻，众生得度。为写《行禅中原》这部书而走访清丰的普照寺时，我查阅了大量的文献资料，却怎么也找不到有关普照寺的传奇故事。就像是普照寺中那位年长修行者说的“这儿是一座寺院”那样，在清丰县的史册上，普照寺的历史干干净净，没有一丝尘埃，更没有一鳞半爪的附着。

存在的，仅仅是一座寺院。

2013年6月30日，我站在普照寺的大雄宝殿前，看着殿前的鲜花绽放，思索着普照寺曾经的历史，仰望天空蔚蓝一片，让人们的目光可以穿越时光一望无际。

历史在看着我，我也在注视着历史。唐上元元年普照寺开山之后，时光又过了608年，到了元世祖忽必烈的至元十九年（公元1282年），因缘殊胜，普照寺迎来了一次发展机遇，重新修缮了大雄宝殿，建起了众多的禅房，由“圆明寺”更名为“普照寺”，喻意为佛祖如“慧日普照，毒霜并消”。

这天下确实“毒霜”过甚，等待着慧日的普照。六年之前，蒙古的铁骑攻陷了临安，5岁的小皇帝宋恭帝被俘，陆秀夫、文天祥和张世杰等人连续拥立了两个幼小的皇帝，一路逃亡至南方；三年之前，元朝军中的汉将军张弘范在广东的崖山石壁上刻下了“镇国大将军张弘范灭宋于此”，宣告了南宋朝廷的彻底灭亡；到这年的十二月，那个写下“人生自古谁无死，留取丹心照汗青”诗句的右丞相兼枢密使文天祥将军，在元大都的菜市口被刽子手的利刃夺去了生命。

一场连着一场的血雨腥风，一阵连着一阵的金戈铁马、冲锋厮杀。武周王朝灭了，唐朝复兴了；李唐王朝灭了，赵宋王朝建立了；南宋王朝灭了，蒙古元王朝建立了。整整608年中，普照寺淹没在弥漫的硝烟中。宋元王朝换代之际，普照寺的感觉犹如天突然放晴一样，阴霾尽散。放眼望去，尽管是遍

地尸骨、狼奔豕突，但是，在太平天下的日子里，百姓相信只要把种子撒到地上，就能生根发芽，结出硕果。

就这样，被兵燹匪患摧残得飘摇不定的灵魂再次得到了喘息，慢慢地缓过劲儿来；战后的人民如干涸的土地需要甘霖一般，整个中原处于精神不振、信仰无着的状态，这个时候，普照寺挺起虚弱之身，在这座大雄宝殿里弘扬佛法，传承佛命，如“星星之火，可以燎原”之谕，让佛光普照众生，使其疲惫的心灵得到安息，茫然不知所措的灵魂投生净土。

人们说，清丰普照寺的大雄宝殿见证着普照寺的发展，延续着佛家的灯火一盏不灭。确实如斯，大雄宝殿游弋在中国的历史长河中，如看着寺前那棵古柏衰败交替一样，看着普照寺的潮起潮落、兴亡跌宕。

明洪武元年（公元1368年），朱元璋践行与佛之约，大兴佛事。普照寺在众护法的善护下，不仅修缮了元末损毁严重的大雄宝殿，还修建了天王殿、水陆殿等二百多间的殿宇……

民国二十二年（公元1933年）普照寺被改为中山公园，辟建戏楼、假山、月牙河等，成了一个休闲娱乐场所……

民国二十七年（公元1938年），日本军队占领清丰，对中山公园内的建筑进行破坏，普照寺在劫难逃……

新中国成立后，中共清丰县委迁入中山公园办公时，普照寺仅存大雄宝殿，其余殿宇房倒屋塌，一片狼藉……

法不孤起，仗境方生。佛教的丛林道场以大雄宝殿为中心，大雄宝殿的存在足以让佛前灯火不灭；普照寺大雄宝殿因了身处清丰县委大院，才躲过了浩劫，才有了如今普照寺的中兴。

世事如画圆，当从起点回到终点时，突然明白这终点也同样是起点，所发展的、所走过的历程不过是一个圆而已。从唐上元元年修建起大雄宝殿，到如今已经走过了一千三百多年的岁月，风风雨雨中，只留下了一座大雄宝殿巍然屹立，才有了20世纪80年代的佛法中兴，普照寺的重新开山。

一千多年来，普照寺梵音远播，普度众生；高扬佛法宗风，普照寺涌现出了众多道德高僧。如今，在七众弟子的护持下，大雄宝殿前炉香续燃，已经是黄河以北重要的佛家道场。

听着晨钟暮鼓的古韵悠扬，看着香火缭绕中信徒们磕拜如也，还有梵呗声声中的虔诚，站在普照寺前，我却在思索着一个问题：如果大雄宝殿是一位高僧，他会告诉我什么呢？

燃上一炷香，收摄乱心双手合十，静待佛祖点化……

铁佛寺前混沌的天

贾国勇 | 文

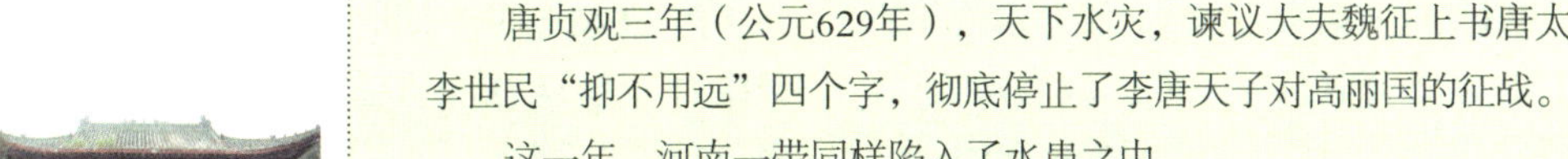

唐贞观三年（公元629年），天下水灾，谏议大夫魏征上书唐太宗李世民“抑不用远”四个字，彻底停止了李唐天子对高丽国的征战。

这一年，河南一带同样陷入了水患之中。

这一年的农历七月中旬，连续阴雨不晴，源出河南登封阳城山的双洎河流经新密、新郑到许昌的长葛官亭乡官亭村，汇聚了各处的水量后，已经彻底由一条山中的溪水变成了波浪翻滚的长河，咆哮着冲过官亭村的敬德桥，一路奔腾汇入到了贾鲁河，经沙颍河到淮河后入长江。

这是一场摧枯拉朽的洪水，冲垮了房屋，冲毁了良田，生灵涂炭，沿途两岸的百姓无不为之受尽零落之苦。具体到水有多大，水浪有多高，史书上没有记载，口口相传的历史在童谣“贞观三年，水冲良田”中传承。除此之外，位于长葛县官亭乡官亭村的铁佛寺，有明代重修铁佛寺的石碑记载了一则“水载铁佛”的故事，与史书记载的“贞观三年，大水灾”遥相呼应。

如今，那条载铁佛而来的双洎河已改了道，曾经的双洎河故道成了铁佛寺前的一条小河沟，名为“小洪河”。小洪河从铁佛寺前开源，一路东南，带着那段神秘的历史，还有如今辉煌的梦想，最终在佛耳岗水库和双洎河汇聚，如佛家弟子行走在修身之路，最终流入长江净土。

2013年7月中旬，我在许昌办完了公务以后，丌着车顺107国道疾行回郑州时，被路旁“中原大铁佛寺”的旅游广告牌吸引，几经周折，沿着绿柳遮荫的小洪河河堤道路，来到了铁佛寺朝拜佛祖。

站在小洪河的岸边，目光穿过历史的迷雾，不仅可以看到贞观之治的繁华，也能看到贞观三年的那场洪水是何等凶猛。

【作者简介】

贾国勇，笔名“释演永”“游勇”，河南淮阳人。中国作协会员。著有“中国当代刑侦大师系列”《测出的不仅是心跳》《致命谈判》《谜底就在现场》《命案现场》《神探》《心灵捕手》等，“反腐长篇小说系列”《市长命案》《市长夫人》《市长官邸》等，散文集《立地成佛》。创作投拍了电视剧《捕狼人》《命案现场》《完美指控》等。

当时的官亭村并不是如今这样的偏僻乡村，而是南北交通起承转合的一个枢纽，因官家在此修建了一座凉亭而得名“官亭”。公元前1046年，周武王姬发灭商纣建周王朝后，为便于统治，就集中人力开辟了一条通达南北的“官道”，官亭村居于“官道”之侧、南北之中，成了一个官家旅途休息的驿站，也是武王姬发召集地方诸侯和南北官员交换文书、汇聚议事的地方。可以想象，这里不仅是南北的文化和经济汇聚之处，更是政治家们长袖善舞的舞台。白天，商贾交易迎来送往，晚上，则是莺歌燕舞、灯红酒绿，没有人知道在怡红院高高的院墙内，那竹帘摇曳的背后做着什么样的交易。

时光过去将近一千七百年后的贞观三年，一场从登封而来的洪水，顺着双洎河激荡而下，把一尊铁佛冲到了官亭村，冲到了那个曾经繁华的官亭。镌刻于2009年的《中原大铁佛寺碑铭》记载了铁佛到官亭村之后的遭遇：“……传说大唐贞观年间，某夏天降瑞雨，有巨大铁佛竟顺双洎河（时称“洧水”）漂流而下，漂至长葛官亭境内立而不去，于是有善举者措资建寺，将铁佛请入寺中，自此就有了中原大铁佛寺……”

佛法无边，真的没法想象佛祖的神秘，可以如此扭转乾坤。那洪水从天而降，那铁佛却不知从何而来，可是，在官亭，佛祖的法力显现，法雨甘霖，竟然使两者因缘聚会，把官亭这块熙熙攘攘的红尘热土变成了梵刹宝地、西方净土。

一阵凉风起，尽管是大热的天，我也禁不住打了个寒战。早上从郑州出来时，天气预报说将有大雨，心里好爽。好多天没有下雨了，看着烟尘荡起扑面而来，想象着车行雨中的那种惬意和潇洒，一定是很美！没想到，站在铁佛寺前如盖的柳荫下竟然享受到了扑面而来的一阵凉风，把雨的消息传送，那种恬适、顺畅即时涌上心来，美滋滋的。

而在寺前柳树下乘凉的那位村民还没有知觉，他把尼龙绳床绑在了两棵柳树中间悠然自得地躺着，享受习习的凉风，一只收音机挂在树上，正在欢快地唱着地方戏曲。绳床的一侧，板凳上坐着一位胡须花白的老者，面前是一幅画了八卦图案的帆布，上有曲曲弯弯的蝌蚪文字，他根本没有在意我的到来，一直是闭目养神，懒得看我一眼，俨然是老神仙修炼吐纳。

我告诉他们要下雨了，意思是让他们准备避雨。没想到，他们用下颏点了点面前的铁佛寺，告诉我，雨来了，风起了，这铁佛寺就是遮雨挡风之处，不用担忧。想来也是，这铁佛寺如此宽大，别说是两位村民，就是全村的人来，也能容得下。毕竟，佛寺是度人的地方，还能不让村民避雨？看来，是我多虑了。

想着心事，我推开铁佛寺虚闭的山门走了进去，首先映入眼帘的是山门内威武神勇的哼哈二将，怒眉横目，没有佛家的半点慈悲相，不如山门里的那位单手拄着降魔

杵的护法韦陀英俊潇洒，服上还透露出一团和气来。不知是从哪里来的鸽子什么时候进了大雄宝殿，听到山门洞开的声音还有我的脚步声，呼啦啦地从大雄宝殿内飞了出来，冲向了蓝天，带走了我的迷茫思绪。站在大雄宝殿前，看天上，云渐渐多了起来，如沉甸甸的棉花团，拧一下就可拧出水来；看地上，刚才还耷拉着头了无生机的树木开始抬头，似要迎接到来的雨一样，显现出喜滋滋的样子；还有缠在古桐老树上那些红色的祈福飘带，也随着风飘逸起来，打得树枝哗哗作响，倒能给沉寂的刹院增添了一些生机。

大雄宝殿后还有一座殿宇，看七殿伽蓝的格局应是天王殿了，没想到却是铁佛殿，里面供奉的是佛祖如来，高大雄伟，气势不凡。走进铁佛殿时，佛祖右侧的蒲团上有一女菩萨正盘腿念佛，看我礼佛完毕往功德箱内投钱供养，忙走过来为我击磬祝福。女菩萨告诉我，这座上的佛爷从贞观三年的双洎河而来，原是生铁铸就，受了近一千五百年的人间香火，塑了金身，宝相威严，非常灵验，“多施多福，有求必应”，并非常自豪地告诉我，她是受大法王寺指派而来为信徒服务的居士，已经在这儿三个多月。

阿弥陀佛，如我一般俗人见佛烧香，不过是红尘中人与佛结缘，距成佛还有十万八千里路程，只有不停精进，才有可能往生西方净土；如女菩萨这样，受大法王寺指派，到铁佛寺礼佛传法，使我等俗人此生得闻佛法，想不成佛都难！

从铁佛殿出来，那雨就下了起来，尽管我一路狂奔，也还是被雨淋了个湿透。好在夏天的雨水不湿人，站在山门内被风一吹，湿衣很快就离了身。那位躺在绳床上听收音机的村民已经跑了进来，当然还有那位神断天机的老者，两个人各自坐在哼哈二将的台基下，呆望着天，一言不发，收音机里依然唱着欢快的地方戏曲。

看着外面淅淅沥沥的雨，我在想，如果双洎河没有改道，今天会不会有滔天的洪水涌来？会不会从登封再漂来一尊铁佛在官亭村落地生根？

老者看我沉思，抬起头来，说要送我一卦；那村民也在旁撺掇，说这老者算得极准，到了铁佛寺如果不成佛也要算上一卦，不然，就真的是遗憾了！

说到遗憾，或许今天真的要遗憾了。

刚才在寺内大雄宝殿前面时，看到一辆商务车从铁佛寺的侧门开了进来，停在大雄宝殿西侧的一处禅房外，从车上走下来几位年轻的师父，皆是穿着海青僧衣和圆头的禅鞋。因找不到去铁佛殿的路，我合掌向师父求问，没想到年轻的师父不耐烦地指了指大雄宝殿一侧，说：“从那儿就能过去，你的眼睛看不到吗，还用得着问路？”

师父的话，既有责备又有指点，对于我来说无异于当头棒喝。长葛市政府部门的网页上介绍说铁佛寺由登封大法王寺投入资金1700万元重建，“……与登封大法王寺一脉相承，灵气盛世，被誉称为盘龙落凤卧龟之灵地”。大法王寺的当家师父释延佛师承曹洞少林，尽管天下禅宗有“临济七分，曹洞一角”之分，但宗风大都是以棒喝为主。

到了铁佛寺受此棒喝，如不开悟成佛真的算是浪费天机了！

确实如斯，当年佛祖的法力显现，把官亭这块熙熙攘攘的红尘热土变成了梵刹宝地、西方净土；如今的我来到铁佛寺竟然一无所获，不仅是没有参透话头，还因了被这雨所困而生烦恼。再加之村民“不成佛也要算上一卦”的劝说，心情竟然烦躁起来。看来，我生性真的很愚钝。

看了一下混沌的天，我冒雨走出了铁佛寺的山门……

大寺之春

郑长春 | 文

在中国，宗教信仰虔诚之庙堂多在名山大川，盖因那里风清气正便于修心养性是也。

山不在高，有仙则名；水不在深，有龙则灵。豫西南社旗县与方城县交会处，有座山——并不高峻险峭，却因一寺僧众信仰大乘佛教而远近有名。于是，山叫“大乘山”，寺为“大寺”，也称“普严禅院”。

山有寺而高贵神圣，寺因山而八面尊严。二者巧结妙合，相映生辉，在中国的传统思想文化中已成独特风景。且看这大乘山，零零散散的珍奇堆积其上如星罗棋布，归纳起来有：六寨（白龙寨、金门寨、周家寨、大寨、石头寨、贾寨），六洞（石佛洞、老虎洞、霸王洞、白马洞、主仙洞、三道洞），五寺（普严寺、主山寺、铁佛寺、草寺、小寺），四庵（党家庵、和尚庵、里得庵、外得庵），四潭（黑龙潭、白龙潭、青龙潭、响水潭），一楼（望家楼），一阁（观音阁），一盆（莲花盆），一天门（南天门）……闲花野草、飞禽走兽等，更是数不胜数——有官方文书证实：1957年，政府在此建大寺林场，林地面积三万七千多亩，森林覆盖率95%，有油松、水杉、刺槐、榆、杨、樟、银杏等树种及其他植物七十余种，禽兽四十余种，蝶类二十余种；2000年7月，经河南省林业局批准在此建立大寺森林公园。

其资源储量与地理优势程度，在浩浩中华大地也算“独树一帜”了。然，由于长期缺乏有效保护和合理开发，于历史长河中若隐若现，以致错失发展良机，未打造出显赫的地位和盛名。至今，这里仍是一片“养在深闺人未识”的净土——鸟兽之乐园、人间之净地也！

别的不说，就说大寺。此千年古刹，就坐落在距河南省方城县城

【作者简介】

郑长春，笔名“老枪”，河南社旗人。中国青年文艺学会顾问，中国散文学会会员，陕西省作协会员。现供职于陕西省委政法委《政法天地》杂志社。

世纪前后。

佛教传入中国后，即受部分皇室及贵族子弟信仰。其时，东汉皇帝信奉黄老之学及神仙方术，而佛教教理也被视为“清静无为”，故与黄老之学相提并论。于是乎，达官贵族便将佛像与老子像、神仙像一同供奉，以祈求多福长寿。此一时期的佛教尚未普及民间，到了魏晋南北朝，佛教始得到极大发展，至隋、唐达到鼎盛。

21公里的大乘山下，真如鹤立鸡群，众星捧月之气皓皓乎，势夺云天哉！有碑文记载：该寺始建于唐贞观年间，由南岳怀让之曾徒孙吉本禅师来此传经布道，成为该寺宣扬大乘佛教、普度众生的一代祖师；宋崇宁五年（公元1106年）重建，改名“崇宁万寿寺”；元明时重修，仍称“普严寺”，先后有吉本禅师、慧果禅师、德遵禅师、慧灯禅师、云渐禅师、大洪僧人在此驻锡传灯。

南岳怀让之曾孙吉本禅师曾住持此寺传经布道，弘法施慧。僧人渐多后，吉本师父将菩提寺定为女众道场，自已率男众撤离向西六里地兴建普严寺。因有“大僧”“二僧”之谓，故山中信士便将东西二寺称为“小寺”“大寺”。这里不妨特作补记：小寺虽小，五脏俱全，虽遭摧残，遗址尚存。

懂点历史的人都知道，印度佛教于西汉年间传入中国内地。汉哀帝元寿元年（公元前2年），博士弟子景卢受大月氏国使臣伊存口授《浮屠经》。佛教始传的另一学说是东汉明帝时：汉明帝永平十年（公元67年），蔡愔赴西域访求佛法返国，邀得大月氏摄摩腾、竺法兰来华，并以白马驮回佛像及经卷。其后明帝在洛阳兴建了中国早期的佛寺白马寺，作供奉佛像及佛法之用。综合以上两种说法，佛教之初应在两汉之间，约公元1

可惜，中原自古乃兵家必争之地。“安史之乱”后，战火纷飞，兵枪血刃，生灵涂炭。这么一方本该卧虎藏龙之宝地，没想到竟成了群雄逐鹿之沙场。大战争为兵枪库，小格斗成土匪窝。尤其是，至民国十八年（公元1929年），国民党石友三旧部将佛像砸坏、寺院焚烧。如此这般遭遇，修炼之人连命都难保，哪里还能炼出什么“灵丹妙药”？所以，山高却难驻大仙，水深亦不见蛟龙，自然也就没了灵气和威名。巍巍大乘山，山因大寺宣扬大乘佛教而名，却也为名所累——混乱年月，众生朝不保夕，何谈信仰？寺院因此一时香火断灭，置大寺于“名存实亡”之地！

南朝四百八十寺，多少楼台烟雨中。庙堂兴衰，福祸轮回；凤凰涅槃，浴火重生。2005年4月，河南省方城县宗教局正式开始专题研究普严寺的建设工作，并把以普严寺开发建设为龙头的大寺森林公园建设列为全县重点工作之一。在来自北京、上海、天津、成都，以及郑州、南阳、方城等地僧俗大众的护持下，寺院旧貌换新颜。

现在，大寺虽比不得兴盛时之煌煌气象，但气势犹存：现有山门三间，中佛殿五间大雄宝殿及两厩。更有门前，千年银杏树，两棵相对而立，枝叶繁茂，苍劲挺拔。

佛学者讲，“大乘”的相应梵语有“大的车乘”或“行程”的意思。其精神是利益众生，将众生从苦难中解救出来。中国社会千百年来灾难重重，而大乘佛教应运而生，为这些苦难的世人以精神的安抚。在中国原有的仁、义、礼、智、信教育基础上，增添了善行的启蒙。上求佛道，下化众生，弘法利生，发心修行，令善男信女慈悲为怀，觉悟真理。此行是大乘佛教在中国得以绵延的重要原因，因此民间有“户户观世音，家家弥勒佛”现象，也情理之中。可见，世人向善之愿，何等强烈！

至于大寺的另一称谓——“普严寺”，缘何而来？我的理解是，可能是该寺取“普度众生、严持净戒”之意。药无贵贱，对症则灵；法无高下，当机则妙。大乘佛教亦称“大乘教”，略称“大乘”，梵文音译“摩诃衍那”“摩诃衍”等，因能运载无量众生到达菩提涅槃之彼岸，成就佛果，大抵如此。

因为心怀敬畏，所以虔诚向往。辛卯年四月的一个周末，笔者应中原友人特邀，专程去了一趟大寺。

天微微亮，便驱车从社旗县城东去，三绕两拐过了一个叫“下洼”的小镇，再东北方向行走不到十公里，蜿蜒而去的公路两边，依稀可见愈来愈密的丛林，丘陵一样的冈峦中夹杂着干练的白杨和槐树，薄薄晨曦里裹着由远而近的黛青色的山影。近了，近了，再近了，车一拐又是一掀，驶上一个泥石混杂的小坡，密林深处便倏然亮出两株高大的银杏树和一座庙宇来。看，大寺到了。

我一下子像从梦中惊醒，痴痴地、静静地伫立良久，才缓过神儿来。稍顷，感觉有风扑面，茫然四顾，但见远处近处皆是烟雨蒙蒙和光影烁烁。空中明明阳光灿烂，而眼前却潮气盈盈。只闻鸟语，难觅飞影；但闻花香，不见蓓蕾；似有水声，却丝丝缕缕凄凄切切如空谷绝响。心一下子激动起来，油然而生“不识庐山真面目，只缘身在此山中”的飘然。

环寺一周，郁郁葱葱，阳光像从天国而来的精灵，斑驳在头上，使人心旷神怡。正是春花烂漫的季节，能徒步净地一游，摆脱喧嚣洗涤世俗，真是莫大幸运。

我与同行的朋友接连上香。面对神像，心事尽释，一时忘我，依稀“忽入甘露门，宛然清凉乐”。

拜毕，伴着烟雾，我们不约而同向后山走去。

这里还没有专设的导游，给我们讲解的是位老僧。

老僧年约花甲，

面目庄重严肃，背有点驼，身着一件褐色僧袍，多少天都没有洗过了，发着幽光。瘦长的瓜子脸，圆圆的眼睛，宽亮的额头上尽管挂满了被岁月雕琢的痕迹，但神采奕奕。交谈中得知，他年轻时也曾风流倜傥，行迹遍天下，虽文化水平不高，但佛经能倒背如流。于是心中遂生敬意和同情。他一辈子的修行磨炼，阅尽世尘，我不知道我这个偶然闯入者对禅修的意境又能领悟几何？

一路上，老僧语重心长地给我们讲大寺的传说，说小寺的传奇，以及大乘山佛法灵光、广播慧雨、教化众生的艰难嬗变。

不时可见一些残垣断壁上的杂草或绿苔，以及横卧荒丛的石础、石舀、石碑，让人想象到多年前这里晨钟暮鼓、僧众诵经、香火鼎盛的辉煌岁月……

走着走着，一友人用手指着前方惊呼："看，桃花，多美的桃花！"

待我们注目而视，确见万绿丛中有一抹粉红：一棵枝干拘谨的小桃树，正从一大堆不知名的草木包围中婉约施展腰身，几束可爱的小桃花娇羞地簇拥而出，柔柔的粉，还透着素净的白，每一朵都绽放着一个水湄空灵的春天，每一瓣都蕴藏着一个幽雅温华的传说，仿佛经过千年清冷而自信的守候，于风香日暖中逍遥自在着。

人生最美，莫过于初见。大家正兴奋着，不知谁在叹息："可惜，这么大的地方，就这一棵，都快被花草淹没了……"

空气里荡漾着清清浅浅若有似无的馨香。于是，有人诗兴大发："人间四月芳菲尽，山寺桃花始盛开。长恨春归无觅处，不知转入此中来。"

老僧满目澄旷，如两泓月下清潭，稍后眯着眼娓娓而道："心中有春天的人，眼里才会有美丽的桃花，这就是缘。"

我们一阵感慨。有风吹过，万丈绿波连绵起伏，再看那桃花，却倏忽不见了。

风生云起，眼前苍茫一片。

大家望着老僧微微唏嘘。老僧却一句话不说了。

其实，天地间的风景，从来都不可能只属一人，亦不能为谁长久停留。世上有很多事可以求，唯缘难求。芸芸众生，浮华世界，多少人真正能寻觅到那份令自己感动的缘，或者又有多少人做出了选择，却站在了错误的时间和地点。有时，缘去缘留只在人一念之间。所以，缘起缘灭都要珍惜，遇见了，感动了，喜过悲过，拥有过失去过，至少人生经历过！

于是，我们沿山路继续前行。傍晚时，口渴力疲，心不在焉地爬上了一个山坡，心里开始惦念着回家的路。不料，山坡爬完，脚接山顶，俯首一看，哪里有路？脚下分明是一泓如镜的湖。正想生气，老僧却安排众人坐下小憩。我们不知为何，且听吩咐。老僧却主动接过我随身携带的相机要给大家合影。影罢，老僧说：此乃"行至水穷处，坐看云起时"。

言毕，下山。

夕阳的余晖，为幽幽的大山涂上一层烁烁的金。大家说着笑着，从容而去，而我却在一边想的是唐代诗人王维的《鸟鸣涧》和《山中寄诸弟妹》：

人闲桂花落，夜静春山空。
月出惊飞鸟，时鸣春涧中。

——《鸟鸣涧》

山中多法侣，禅诵自为群。
城郭遥相望，惟应见白云。

——《山中寄诸弟妹》

浮光掠影净居寺

花　原｜文

净居寺位于光山县西南二十多公里，晏河乡的大、小苏山的两山之间，1986年被公布为河南省级文物保护单位。当时公布的名称是以一通《游净居寺诗并序》的碑刻而命名。

苏东坡因为“乌台诗案”被贬任黄州团练副使，或许是为了寻找一方排遣心中烦闷的道场，或许是为“三苏”而建庙宇的典故，或许就是为了寻找一处干净之地，反正那年春天，他来到了这里。苏轼也是位与佛结缘之人，人们常称他为“东坡居士”。宋代释惠洪在《冷斋夜话》中说：“苏东坡总是喜欢穿僧衣。一日，宋哲宗曾经问内侍陈衍：‘苏东坡朝服下面穿的是什么衣服？’陈衍说：‘是僧衣。’哲宗笑之。”

苏轼的到来为净居寺增辉不少，欣喜的居仁禅师拿出大苏山最好的新茶，陪苏轼一道煮沸一壶滚烫的茶，嗅着满室的茶香，谈谈天说说地。随缘、随心、随性，大苏山慰藉着苏轼孤苦的心。他的心情逐渐愉悦起来，竖起一根手指，说：“淮南茶，信阳第一。”连苏东坡自己也想不到，至今的信阳人还心存感激，把这句话视为最佳褒奖，在大大小小的茶楼，精心装裱，广而告之。既然苏山茶不输“浙江春”，那么信阳的女子也不输江南的美人，苏居士满眼春色关不住，“从来佳茗似佳人”，他品出了茶的真味。

“稽手两足尊，举头双泪挥。灵山会未散，八部犹光辉。愿从二圣往，一洗千劫非……”这是苏东坡在净居寺留下来的诗句，从中依然能看出他的不甘心。苏轼的率性不羁，使他屡次被贬，但丝毫不影响他狂放的本性。明嘉靖年间，光山县令沈绍庆将其诗镌刻成碑，立于大殿。因此碑刻记载，净居寺才被审批为省级文物保护单位。沈绍庆，这个县

【作者简介】

花原，河南光山人。信阳市博物馆馆长，从事考古工作三十多年。

令不简单。

每次去光山都是来去匆匆，一直没有去净居寺，心中一直挂念着，一念就是十多年。2011年5月，专程去游访净居寺，也是为了看看苏轼待过的地方，看看那通碑，算是了却自己的心愿吧。

光山县在信阳的东南部，地貌一半是丘陵一半是山区。沿途的自然风光随着地貌的变化不动声色地变化着。从丘陵进入到浅山区，连绵的小青山豁然展现在眼前，一块块井字水田，依偎在山脚下，很是妩媚妖娆。彼时正是插秧的季节，田间不时晃动着三三两两的身影。悠悠岁月，就在这单调重复的劳作中慢慢流逝，他们的喜乐与悲愁都浸入了眼前这片并不肥沃而美丽的泥土里。

通往净居寺的道路平整宽阔，车可以一直开到寺庙前。寺庙和我想象的不一样，在这个到处描金抹绿、骚动喧哗的年代，净居寺依旧保持了原有的建筑风貌，难得的朴实寂静。一进寺庙，最显眼的是一棵千年银杏树。这棵银杏树有着宽厚的心，在它的树干里寄生了一棵柏树和一棵桧树，人们为了表现其与众不同，将此树冠名为“同根三异”。另两棵无疑是寄生而已，哪儿来的根？未免有点哗众取宠。倒是树的枝杈上挂满了的祈福红布条，多少显得有点热闹。

净居寺又名“梵天寺”，是我国第一个佛教宗派——天台宗的发源地。

天台宗的始创人是南北朝陈梁时代的慧思。慧思，姓李，今河南上蔡县人。因读了《妙胜定经》而有所悟，“定慧双开”成就了慧思的佛学思想，成为中国佛教天台宗的基本宗风。

传说，慧思来大苏山结庵是机缘巧合。公元554年，慧思要离开师父远行，临行前他问师父，何处可以安身。师父说：“凡事因缘而生，因缘而止。告诉你个偈语：遇‘三苏’而住。”当慧思携弟子由北进入光山境不远时，便被眼前伴着清幽湖光的浅山吸引，他的脚已挪不动了。

恰巧，有一位老农从这儿经过，慧思前去询问此地的山名，老农告诉他：这后面的山是大苏山，前面的山是小苏山。慧思心中一动，问：“您老贵姓？”“苏。”

“三苏？”慧思一时有些恍惚，凡事因缘而生？于是，他留在了此地，不知出于什么缘故，他并没在这里营造寺庙，只是简单地结庵而居，一住就是14年。如此，大苏山成就了他一生的佛教事业，成为他禅法思想的转折点。

慧思在大苏山讲禅时，他最得意的弟子是智𫖮。智𫖮抛开殷实的家境，随慧思在大苏山修习了七年，一天诵读《法华经》时，突然得悟，这就是佛教史、哲学史和思想史上著名的“大苏开悟”。公元575年，智𫖮到浙江天台山建国清寺，开宗立派，创建了我国第一个佛教宗派——天台宗。他的著作传入朝鲜、日本等地，产生了极大的影响，被日本天台宗佛教徒誉为“天台智者大师”。

20世纪80年代初，中国刚刚改革开放，在光山的县城里，突然多出了十几个与当地人打扮截然不同的异乡人。当地政府解释说，他们是日本的商人。其实，他们是日本天台宗派的和尚，前来寻根。他们为了感恩，想在光山捐修冷库，用来储藏当地的特产板栗和茶叶。但被婉言拒绝，那时的人们还心存疑虑。

净居寺的修建是在唐神龙二年（公元706年），律宗大师道岸率弟子鉴真等从长安返回故里光州，为了追念慧思、智𫖮二圣，为了天台宗寻根，在慧思结庵的原址上动土营造。门前银杏树就是他亲手栽种的。

净居寺精巧齐整，寺庙的山门为风火墙，有着豫南的建筑风格。宋朝真宗御题“勅赐梵天寺”匾额，镶嵌于山寺门前。其主体建筑为大雄宝殿，硬山式建筑，布瓦覆盖。面阔五间，进深三间，为九架砖木结构。殿内金柱24根，单檐，檐柱六根，每根檐柱上方有额枋，额枋为阳刻人物木雕。30扇花格扇门，格扇门上方有15扇花格扇窗。

外廊柱，廊柱的石础为当地的红砂石，细而高，这是因为，豫南多阴雨，湿气重，故而石础要高出许多。大雄宝殿东西厢房各五间，东厢房为驼峰斗拱式的明代建筑结构，西厢房为清代建筑。难能可贵的是，在大雄宝殿的墙面上，裸露在外的墙砖下部，居然有唐代修缮寺庙时保留下来的青砖。为此，也值得你为它焚香叩拜。

碧霞楼是净居寺尼姑们居住的地方，拱形的门楣上镶嵌着“碧霞楼”三字，名字浪漫而富有诗意。我对佛教知之甚少，不知道禅的味道是什么。这里已经没有了僧尼，院落很小巧，很破旧，包青的外墙砖已经脱落。那些曾经娉婷袅娜年轻的女尼，青灯伴随着吟唱般的诵经声，消蚀着她们的年华，她们的心中隐藏着多少秘密？如今又随风飘到了哪里？当年苏轼来到这里，喝的苏山茶水，也许就是由这些不施粉黛清丽的女尼亲手烹煮，所以才让见多识广的苏轼怦然心动，发出了由衷的赞叹，“佳茗似佳人”。回首红尘芳菲尽，一枝花开是断肠。如今，佳人难再寻……

净居寺原由县林场管理，现成立了光山县净居寺管理区，着力开发，扩大规模。新任领导曾经在文物部门工作过，懂得珍惜寺里的一砖一瓦，从修旧如旧，到修旧如新，再到整旧如新，一字之差，千差万别。

净居寺是我在信阳看过的最完美的寺庙，毫无粉饰，更像是邻家，是放松心情的地方。虽然很旧，但光阴停留在了那里，让你的脚步放得慢些再慢些。轮回的脚步不由得又停在了银杏树下，听说，在大炼钢铁时，为了伐此树当柴烧，当地人用刀砍斧斫都无可奈何，善良的人们于心不忍只好罢手。我久久徘徊在树下，心想要不要也在树枝上系根红布条，为它祈福呢？刚伏下身，霎时，我好像懂了，那两棵寄生的树，谁说无根？也许就是慧思大师从远方播下的种子，为的是庇佑这一方圣地，它们的根已深埋在一起。一阵风过，吹落一片树叶，像翻飞的蝴蝶纷落怀中，霎时，泪水模糊了双眼，它是净居寺文明亘古以来的见证啊。那一朵无声的花开，能否让我靠近你的家园？

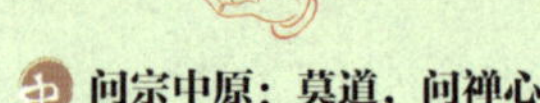

疏竹妙高寺

花　原｜文

“天下名山僧占多”。固始县陈淋子镇的大别山北麓有座山，叫“九华山”，很有名气。山上有座寺，叫“妙高寺”，同样也很有名。

相传，固始的九华山因金乔觉曾在妙高寺传经布道而蜚声佛教界，佛门弟子便把固始的九华山与安徽的九华山相提并论，于是就有了“东九华”和“西九华”之说。

金乔觉（630-792），新罗国（今朝鲜半岛东南部）的僧人，俗称“金地藏”，为新罗国国王金氏的王子。

公元7世纪至9世纪，中国大规模翻译佛家经典已基本结束，汉化佛教的各宗派业已形成，佛教的发展处于鼎盛时期。李唐王朝，礼僧敬佛，形成了一种崇佛的社会风尚。同时唐朝的门户开放，特别是对来华礼佛求法的异国僧伽，允许他们行脚住化，开设道场。金乔觉在这样的大背景下渡海来华，以僧侣的身份开始他在中国漫长的修行。

唐玄宗开元七年（公元719年），金乔觉来华求法已有两年。他在江苏、浙江拜师访道，寻求理想中的禅栖之地。当行至安徽九华山，登高远望，只见层峦叠嶂犹如莲花盛开，不禁叹其世间稀有，是处修道的绝佳之地，于是在山中无人处择一盆地，开始了他为期75年的苦修。金乔觉于唐德宗贞元十年（公元794年）农历七月三十日圆寂九华山。

佛教徒根据《大乘大集地藏十轮经》语，菩萨“安忍如大地，静虑可秘藏”，尊其为“金地藏”。九华山也由此成为地藏菩萨的道场。

但金乔觉何时来到妙高寺的，史书上却没有确切的记载，只是相传在金地藏驻锡九华山之前曾在此布道，是否是在云游四海寻找理想修行之地时，金乔觉途径固始九华山，看上了这块宝地，便在妙高寺做过短

【作者简介】

花原，河南光山人。信阳市博物馆馆长，从事考古工作三十多年。

暂的停留？无论如何，妙高寺都是一方佛门圣地，弘扬的是优秀的佛教文化。

妙高寺始建于唐，盛于明成化、弘治、天启、崇祯年间，衰于清末。原有房屋108间，占地22000亩，由山门殿、东西厢房、大雄宝殿、地藏王府、配殿等建筑组成，规模相当宏大。当时香火极盛，吸引了无数高僧居士、信男善女。

几经动荡，妙高寺最后毁于“文革”期间，现仅存房屋18间，面积360平方米，多为明清建筑。前殿为硬山式建筑，青砖灰瓦，有屋脊。四根外廊柱，覆盆式石础。额枋上彩绘的是“文王访贤”“太公钓鱼”等人物故事，柱头木托为木雕象、狮、四不像、菩萨、天王、韦驮与金刚。前殿的楹联是：“善德随时皆感应，群黎无处不恩波。”匾额上题“妙高禅寺”四个大字。

妙高寺前有南天门，后有华岩寺，鹿鸣庵和地藏王府相辅为左右两翼，构成一处“三院一体，僧尼合寺”特有的人文景观。

大殿前左右各有一钟楼和鼓楼。在清代，每日清晨僧人上殿诵经，均要鸣钟。如今，每月农历初一、十五、三十及佛教节庆日均要敲钟，为国为民祈福。而每次都要敲108下。古人认为108是吉祥数，《群谈采余》说：“钟声晨昏叩一百八声者，一岁之意也。盖一年有十二月，有二十四气，又有七十二候，正得此数。”大钟在佛寺中有它特殊的作用，《百丈清规》中说得很清楚：“大钟，丛林号令资始也，晓击则破长夜，警睡眠，暮击则觉昏衢，疏冥昧。”所以有“闻钟声，烦恼清，智慧长，菩提生”之说。

南天门在寺门正南方，相传唐王李世民有一年在此打仗兵败遭敌人追杀，便策马奔向妙高寺。在寺前有四位武艺高深的僧侣拼死相护，以一抵百，终于转危为安。李世民当了皇帝后，不忘救命之恩，便钦命在此栽下四棵松树以示纪念。李世民得救于寺庙和尚的版本有许多种，这也算其中的一种吧。

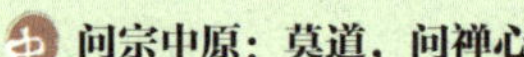

寺东南六十多米处的竹林中有三座高僧石塔，“文革”期间曾被推翻。有一高僧石塔的塔铭中记载有清顺治五年（公元1648年），竺启师驻锡入山的事，并有一诗云：

策杖欣逢主道场，
堪怜名利含虚荒。
树缘萝挂谁芟蒂，
灶破烟消莫问粮。
漫山荆蓁开月径，
且敲石火续灯光。
迩来似有回春意，
野草闲花透色香。

竺启师为妙高寺第三十六代住持。

1984年，文物工作者在妙高寺东五百余米处又发现五座比丘石塔。这五座石塔建在青砂石台上，均坐西朝东。这五座石塔为清康熙、乾隆年间所建，单檐式，宝瓶状。塔座为正方形，刻有仰莲纹，座基上刻有“梅鹿图”“莲荷图”“鱼跃龙门”等图案。这座座玲珑的墓塔，简简单单几笔图案，勾勒出比丘们对人生的感悟和渴望，最终一缕青烟绝红尘。

妙高寺西南拐角处有座鹿鸣庵，庵中现还保存有清道光六年（公元1826年）的碑文：“粤自大汉永平八年，我佛如来倡教东土，是由建寺崇祀，历唐宋元明而香火不衰……又号鹿鸣庵者，邑民申家福也。家福夫妇年老无子并远门近亲无可继之人，因投固陵南乡妙高寺为僧，其居一室该为庙宇，即将所有田亩入庙，作香火之资，而徒子法孙日焉……由家福以迄于今相传近十代……”

庵，古时是一种小草屋，即所谓“结草为庵”。汉以后建了一些专供佛徒尼姑居住的庵堂，于是“庵”也就成了佛教女子出家行佛事的专用建筑名称了。这样，鹿鸣庵在

妙高寺开创了僧尼合寺的佛门新景观。不起眼儿的鹿鸣庵时常隐藏在蒙蒙的烟雨中，若隐若现。而比丘塔林中有一座塔的碑文却写着令人不能小觑的几个字："十方僧尼二普同塔"，他们分别是宗持寂光和戒持运空的灵骨，僧尼合塔并大大方方镌刻在塔碑上，不得不令人对妙高寺刮目相看，顿生出一种敬意。佛家有"五眼"，即肉眼、天眼、慧眼、法眼、佛眼。而肉眼就是用来看一切美好的东西，包括看美人。鹿鸣庵就是妙高寺最为赏心悦目的地方。

走进妙高寺的山门，便有一叠陡峭的台阶，共有666级。这是开山寺依山造势的格局，留给善男信女的是一种考验。待到一级一级耐心地爬上去，自也达到了起码的虔诚。这时，你才有资格去拜佛，去听经，去领略禅宗教义的深奥。如来、观音、大肚弥勒及十八罗汉等，共有几十尊大佛像和神像，有序分列其间，无一不具有佛的宽容和神的威严。世间多少纷繁事，是否皆在他们的洞悉中？这是不必人去猜度的，你只需要来这里领受一种大安和大静，"会心会佛""即心是佛"便了。

山门的两侧是郁郁葱葱的青竹，只有到了这里你才会感受到什么是竹海，一眼望不到边的竹林一路伴你前行，而你的脚步也会随着心静下来。"风过疏竹，风去而竹不留声；雁渡寒潭，雁去而潭不留影。故君子事来而心始现，事去而心随空。"一切因缘遇合，缘尽一切皆空，风吹竹声，那是触及灵魂的声音。

走在这样的寺院里，更能亲近的是历史。这里的风物及陈设，有着千年古风，散发着亘古的沉香，而且仍以极自然的实用状态，保留着古往今来的原汁原味。三三两两的僧尼一出现，作揖施礼细声道安，持重移步轻拂衣尘，仿佛从岁月深处走来。木鱼声声，香烟袅袅，历史就在我们身边复活了。无论是宗教走向山水还是山水走向宗教，无疑都在彰显着一种自然的人文气韵。

探寻东岳寺

徐　刚｜文

泼陂河镇因泼陂河这条河而得名，因毕佐周这个人而更加闻名。毕佐周修筑的省级文物永济桥为这块古老而厚重的土地增添了传奇的色彩，成为泼陂河永久的骄傲。

然而，人们大都记得毕佐周修筑的永济桥，却忘了其修筑的东岳寺。毕佐周是泼陂河镇东岳寺村附近的毕店人，明万历年间的进士，广西平叛南蛮有功，但终遭人妒忌而被贬回乡。回乡后的毕佐周仍心怀百姓，兼济天下。他散尽家财，修桥修寺。修桥是为解决百姓的出行难题，修寺是为战乱中的人们找一避难之地，也为后世空虚的灵魂寻一精神寄托之所。

东岳寺建于泼陂河镇东岳寺村旁一座海拔220米的山顶上，因寺内有岳王爷泥像而得名。该寺雄伟壮丽，房舍错落有致，其中用来供奉佛像的正殿就有12间，周围住房更是达140间，四周围有加固城墙，以在战乱时进行防御。整体看上去，东岳寺院恰似一座固若金汤的城堡。

东岳寺所处山顶是周围山头中最高的，易守难攻。泼陂河水更是将其三面环绕，河道宽阔，水流湍急，无法逾越，再加上地远山高、路僻难行，使得此处自古就成了佛家圣地、兵家宝地、避难佳地。我们不得不感叹毕佐周的智慧。

泼陂河发源于新县木棱山，北流至东岳寺的段湾，水势凶猛，奔腾而来，冲跌而下，蔚为壮观。特别是南面奔腾而来的水，从东面绕山而折向北流，浩浩荡荡，气势磅礴。泼陂河如一条白龙绕山而过，更显山之雄壮、寺之伟岸。泼陂河水库建成后，东岳寺更是三面环水、一面环山。水面宽阔，晴时河水澄碧、一片纯净，把山衬得更绿；阴时

【作者简介】

徐刚，河南光山人。信阳市作协会员，现供职于光山县教育局。工作之余，笔耕不辍，写些小说、散文之类的文字，有近百篇作品见诸报端。

烟波浩渺、云雾朦胧，让山更显神秘。远望东岳寺，涢陂河水护卫着东岳寺，宛如《诗经》中的在水一方的伊人，可望而不可即。登临东岳寺所在的山顶，放眼四望，白云飘荡，群山逶迤，大河北流，山水相依，妙不可言。南之八里畈，东之凉亭，北之涢陂河三乡镇成鼎足之势，拱捧着东岳寺，使其更显尊贵。四周一座座青山连绵起伏，由近及远，成三级阶梯状渐次升高，形如三层莲花花瓣，将东岳寺山拥于正中，再加上有涢陂河水的衬托，形成“万山朝拜莲花地”的胜景。

东岳寺的山水形胜，还在故事中有所体现。如东岳寺初始叫“三姓堂山”，在其山东，有黄、李、代姓三山头，三山合一，山峰余脉下延至涢陂河，形如一裸体美女晒日光浴，故曰“美女晒丘”。河对岸一山形如一赤身罗汉，下身物件惟妙惟肖。综观两山势，形如一罗汉和一美女在行男女之事，故名“罗汉盘球”。更耐人寻味的是这里有村庄的名字和这故事一一对应，“美女晒丘”山下有一湾叫“毕邱洼”，罗汉山下有俩湾叫“东但湾”和“西但湾”，这也许体现的是当地人对炽烈爱情和繁衍后代的渴望，以及对此地绝佳风水的挚爱吧。

在东岳寺山南，涢陂河水发端处，有一巨大的“S”形河湾，每每涨水时，此处会形成一个落差几米高的旋涡。据说，每每此时，旋涡处便会有一口极大的锅、一把极大的伞，以及一个极大的榴样的东西浮出水面，因其大，故叫“千人锅”“万人伞”“万人榴”。至今这里不仅是一道景观，更是一个神秘未解的谜。

传说的佛和仙的故事，更让东岳寺充满传奇色彩。据说有一泥匠和一瓦匠在寺庙近处见一健猛黄牛，上前追赶，终追不上，追至山脚低洼处黄牛倏忽不见了。人们认为是牛王爷下凡，便又称东岳寺为“牛峰寺”。

东岳寺被毁也有传说，说是人们在山上避战乱，有人将尿布搭于神案和佛像上，看寺老人见神像额头汗珠涔涔，便用巾拭汗，汗更出如雨。三天后的夜里雷雨大作，寺在雷火中化为灰烬，猜说因冒犯神灵所致。

东岳寺南面的丁李湾至今有一桥，桥面两沿用长一米、重千斤的石条铺就，传说此桥是观音菩萨指派八仙所修，在距桥三丰多

米处有一块与桥石一样材质的石条，说是张果老多搬而留下的。人们因感恩神仙造福人间，为桥取名为“神留桥”。当地亦有歌谣提及此桥：“头顶东岳寺，脚踏神留桥。一里三桐榨，十二磙子桥。”神话传说不足为凭，不过，人们在桥基处发现有明万历年间的刻字倒是真的。

东岳寺还与一清官虞成龙休戚相关。《泼陂河志》记载，清康熙年间，皇上有一老表，官做够了，要当和尚，他请风水大师赶地，在东岳寺对面泼陂河边的一山地上建造了富丽堂皇的红潭寺（又名“红灯寺”）。老和尚在正殿设计暗室，专抢来进香的美女，人们对之敢怒不敢言。虞成龙得知，化装成担货郎进寺留宿，夜晚老和尚让被掳的美女出来挑选虞成龙卖的针线手帕等用品。第二天，虞成龙发兵毁了寺庙，杀了老和尚。后来，皇上却是又找了个借口杀了虞成龙。湖北省有一出地方戏《小清官私访乌江渡》，说的就是这个典故。

东岳寺是一块景美之地、景奇之地、景绝之地，也是一块神圣之地、神灵之地、神秘之地，更是传说之地、传奇之地、传神之地。

具有灵性的东岳寺山水必能育出灵性之人。光山县东岳寺农林专业合作社董事长刘自淮承包了东岳寺山，他被东岳寺绝美的山水、神奇的传说、厚重的文化深深地吸引着，在山上遍植白茶、红花油茶及观光树木，推动观光生态农业发展。刘自淮醉心于东岳寺的山水，更醉心于东岳寺的佛性，历尽艰辛、小有成就、年届知天命的他突然看破红尘、顿悟人生，做出了一个惊世骇俗的决定：毅然遁入佛门，拜全国佛教协会副会长学诚大和尚为师，师父赐其名“贤坤居士”。他以一位虔诚佛门弟子的身份虔诚地坚守东岳寺的灵性，传承和弘扬东岳寺的文化。他每天和青山绿水相依，和花草树木相伴，和飞禽走兽相随；春看花、夏听涛、秋赏叶、冬踏雪，其乐无穷；开荒种菜，结网捕鱼，摘茶品茗，如入世外桃源，独享神仙生活。其书写的“想不开、看不透、忘不了、放不下”的条幅，意在告诫人们凡事要想开、看透、忘记和放下，轻松做人，这也意味着刘自淮已具佛性、佛心，达到禅境。

岁月悠悠，东岳无声。东岳寺已淹没在历史的长河中，我们无法知道它昔日的辉煌，只有遗留的断垣残墙和终年泉水外溢的古井在无声地诉说它曾经的沧桑。

问道中原

问老子，问庄子；问三清宫，问函谷关……问无处不在却又无可言说的“道”。道家缘起于中原地区老子的故乡鹿邑，《道德经》成书于中原地区的函谷关，我们追寻着老子的足迹，从历史的烟云中走来。问道在历史里的行走历程，问道在人心里的欲走还留……

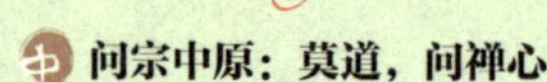

拜访老子

远景溢｜文

从小对道家鼻祖老子的了解，走不出《道德经》五千言的范围，而老子故里——鹿邑县太清宫镇，距我们也仅咫尺之遥，却始终没有机会前去拜访。听说鹿邑一直在为举办“老子文化节”紧锣密鼓地筹备着，应妹妹一家的邀请，我带上女儿，不顾七月流火的炙烤，踏上了寻圣访贤、谒祖悟道之路。

车在鹿邑县城的紫气大道缓缓而行（限速），透过车窗，绿化带里每隔不远便树立一个宣传标牌，语出《道德经》，都是经典的老子言论，我被当地人打造道家思想文化氛围的精心折服。“上善若水。水善利万物而不争。”该上小学二年级的外甥女青青指着一组标牌上的文字，用普通话念着，问我是什么意思。

我告诉她，这是老子的言论，意思是说，最高境界的善行就像水的品性一样，泽被万物而不争名利。还好，来之前对老子和《道德经》一通恶补，我这个别人眼中的“冒牌文化人”，总算没在孩子面前丢脸。

可孩子的问题还真多，她又问我老子是谁，他怎么会叫老子。

看来外甥女真的把我当成了《十万个为什么》。面对孩子天真的眼神，我不能说得太深奥，来点通俗的吧：老子是道家学派的创始人，姓李名耳，他被后人尊称为“太上老君”，《西游记》里的孙猴子就是偷吃了他的仙丹。据说老子的妈妈怀胎81年，快要生产时，她来到李树下，割开自己的左腋，把老子生了下来。刚出生的老子不仅耳朵大，而且眉毛是白的，已经有白胡须了，所以人们称他为“老子”……

外甥女听得入迷，幸亏车已开到太清宫门口，不然她准还有问题要问，我是怕了。

【作者简介】

远景溢，河南商水人。河南省诗词学会会员，其作品散见于省市报纸杂志。

一出车门，全身即刻被热浪袭卷，让人深切感受到太清宫的温度。那天太阳一直被团团紫气包裹着，但紫外线的穿透力不可小觑，追逐着我们“顶礼膜拜”，每个人都被镀上了“健康的小麦肤色”，这是后话。

站在庄严神圣、修葺一新的太清宫大门前，我心里顿时勃发起久违的激情。很明显，为积极开发文化旅游资源，当地政府正加快对老子故里的修复和地下文物的发掘，现在我们已经能真切地了解到太清宫一度曾经十分辉煌的那段历史，而不是仅仅依靠史书的记载去体味当初的鼎盛和恢宏了。

步入宫门，目之所及处，殿宇辉煌，雕梁画柱，绿草红花，亭榭穿廊，道旗飘扬，张灯结彩，应接不暇。从始至终，我都特别留意道旗上的图腾和文字，因那无不彰显着道家思想的精髓，如：“道法自然”“天人合一”“尊道贵德”“抱朴守真”“上善若水”“大道无极”“大音希声、大象无形”“信言不美、美言不信”“善者不辩、辩者不善”“知者不博、博者不知”……看来许多名言已是深入人心，几千年来一直影响着中国乃至世界人们的思想和行为，并渗透到人们的思维和人生哲学中。

太极殿里供奉着老子塑像，旁有绾着发髻、鹤发白髯的道士在诵经布道，声音不绝于耳。位于太极殿前的神道上有个望月井。据说每逢农历八月十五中秋夜，如若天朗气清，空中明月正巧可投影于井水中央，会构成“天上月是水中月”的奇异景观。这种现象，一年中只有一次。看来这井定然是经过精心计算后才挖掘的，不由得让人感叹我国古人在天文学上造诣的博大精深。我们纷纷探头向井里张望，却被上面盖着的有机玻璃拒于千里外。

站在太极殿前，仰望门前的两株古柏，顿感岁月沧桑。据说古柏是老子亲手栽种，是“八桧”中的丹桧。树龄已有两千五百多年岁。这其中有多少可信度，恐怕我们永远也难以找到答案。不过从它们苍老遒劲的枝叶间传递出的信息，完全可以证明它们是古老的，生命力是无限顽强的。它们是历史的

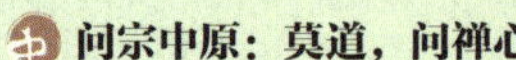

见证，它们曾经看到过这所盛大的殿宇兴盛和衰落的全过程。

太清宫前后两宫相距一里，中间有一条东西流向的清静河，取老子“清静无为”之意，河上有会仙桥。漫步会仙桥上，雕花桥栏上系着金黄的丝带挽成的花团，显得高贵气派。太清宫自汉代建成以来，历代皇室对其都有不同程度的扩建，这也说明他们对老子及其思想的极力推崇。

后宫的三圣母殿和娃娃殿因年代久远而显得斑驳陈旧。三圣母殿供奉着老子、孔子和释迦牟尼三位圣人的母亲。殿内人头攒动，却静谧无声，这大概就是朝拜者的虔诚吧。据说这个创意来自中国历史上唯一的女皇帝武则天，三位伟大的母亲并列，体现了“三教合流”的思想。娃娃殿里供奉着送子娘娘，娘娘旁边有娃娃山，山上是造型各异的泥娃娃。旧时深信多子多福的人们对送子娘娘礼拜甚勤，现在推广计划生育政策，人们还是希望神明能赐予自己一两个聪明的孩子，所以这里香火依然很旺。出了殿，外甥女拉着我的手，问我为什么有些泥娃娃身上拴着红绳子，我真不知道该怎么给她解释生活中某些带着迷信色彩的东西。

置身老子故居，古朴大方的建筑风格、僻静清幽的环境和精致的馆藏陈列呈于眼前时，我恍惚了一下，仿佛自己已穿过时光隧道回到了春秋时期，当真目睹了一回先哲的生活起居。

道源碑林是太清宫新落成的景点，这里汇集了全国81位书法名家书写的《道德经》作品。妹妹帮我拍摄了几组，留待日后慢慢欣赏吧。

走出太清宫，穿过柏油马路，老子文化广场将我们揽入怀抱。沿着汉白玉桥拾级而上，放眼望去，那伟岸的老子雕像真的是壮观！站在巨大的老子雕像下，什么也不做，只是静静地仰望着他那充满智慧而从容的脸庞就让人浮想联翩，让人从心底深处发出震撼的强音。

漫步在下沉式的广场中央，踩着铺有黑白太极图案的光洁石面，忽然有凉风拂面，闷热感一扫而光，让人顿觉心旷神怡。环顾一圈，四幅巨大的老子画像分别矗立广场一隅，吴道子、文徵明等历代大画家，为我们勾勒出老子风格迥异的不凡气势。老子周游列国、苦城讲学、西出函谷、孔子问礼等铁像和浮雕更是形象逼真，分布在广场周围，供游人欣赏、拍照。看着大家争相而往的劲头，似乎只有这样与老子亲密接触，才能深切感受到老子文化的深厚底蕴和内涵。

妹夫驱车去亳州为外甥女买来汉堡包，我们坐在老子文化广场牌坊下的石阶上。看着对面的太清宫一点点被黄昏笼罩，归于沉寂，我若有所思，心里竟变得一片空灵。

无为的老子

云过风来｜文

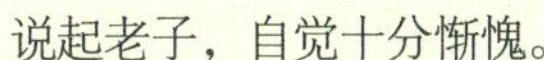

一

说起老子，自觉十分惭愧。

我的老家距离老子故里也就几十里的路程，我毕业后的第一个工作地点就是老子的归隐修炼之地——位于八百里伏牛山腹地的老君山。因为距离近，也因为对老子由来已久的仰慕，曾数次拜访；老君山就更不必说了，我工作的单位就在老君山脚下，登临山顶的必经之路就经过单位门口，所以自己独自上山的次数已经无数，每年的五四青年节，还要带着单位的青年团员们上山游玩一番。乍一看，我和老子还是相当有缘的，至少，老子一直离我很近，不管是地域上还是思想上，但这么多年过去了，我居然没有认真地梳理过，所以惭愧是自然的。

近几年，随着自己的人生理念与社会现象之间的分歧逐渐加大，我对老子的思想愈加怀念，怀念并不是渴望老子思想的回归，毕竟时间已经过去了二十多个世纪，人类物质文明和精神文明都不可与当时同日而语。而思想总是紧跟时代的，任何哲思良策都只是现实的救世妙药，斗转星移，物是人非，现实在与时俱进，指导现实的思想也就必须与时俱进。但思想是可以继承和发扬的，符合规律的东西永远不会过时，尤其是那些看似虚空的理论，因其触及了事物的本质，所以无论时光如何走远，无论世事如何变迁，都万变不离其宗。

中国的老君山之多恐怕是所有人都始料不及的，我知道的就有十几处，要么标之以老子的归隐之地，要么嘘之以老子的炼丹之所，但不管真假，不管虚实，总归可以说明一个问题：老子大成后曾云游四海，把

【作者简介】

云过风来，河南周口人。在《忆红尘》文学网站发表散文作品数百篇。

他的思想带到了众多的地方，即便老子真的没去，也只能更加证明老子的思想在当时的影响力是何其之大。

贵为世界地质公园之伏牛山主峰的老君山，相传北魏时已经建庙纪念老子，唐贞观年间又承蒙皇封修建了铁顶老君庙，一直被尊称为道教圣地。据说历代香火旺盛，朝拜者无不叹服老子之道，至少那些虔诚的人士会不虚此行，下得山来对老子本人及老子的思想会有所了解、有所感悟、有所触动。但我不以为然，我到过无数次，我问过很多人，结果和传说大相径庭，除非是专门冲老子而来的人，其余对老子仍是一窍不通。国内的景点大都融入商品经济中，只是成了某种商业运作的基点，不管是哪代名人，不管是哪类名人，如今都只是一个卖点，至于其现实的应有作用，无人顾及。从老君山的山脚到山顶，从一个个零售摊位到正规的纪念品店，我几乎没发现一本《道德经》，更没见到有关老子思想今解的各种书籍，有的只是跪拜的垫子、莫名其妙的各类塑像、各式各样焚香许愿的炉子、种类繁多的土特产，以及全国各地都大同小异的旅游纪念品。

前些年听说世界各地都建起孔子学院并大张旗鼓地教授起了中国儒家思想的时候，我还不信，甚至怀疑又是那些以文明古国自居的老大在以此炫耀自己的根底深厚，但之后的事实越来越让我清醒意识到这是真的。况且所谓的西方发达国家之所以把中国人早就不屑的东西搬出来顶礼膜拜，并不是源于中国那些毕其一生研究儒学的人宣传推广的结果，只是这个国家顿悟了他们的社会现实急需来自中国古代至圣先贤的谆谆教诲。

这我就想不通了，按说不管社会如何发展，我们和自己的先人都是正宗的一脉相承，基于此国情的学说，不论人类繁衍生息了多少代，都是我们骨子里本有的东西，老祖宗的家训，即便遗传过程中稍有丢失，也应该是我们华夏之孙代代铭记并发扬光大的啊。可见国内某些东西确实存在着少数人呕心沥血钻研与大众普遍受教“两张皮”的问题。

不可否认的事实是，老子的著作、思想早已成为宝贵的世界历史文化遗产，以至于20世纪后半叶全世界范围内都掀起了一股“老子热”，欧洲迄今为止已经有一百多个版本的《道德经》译文面世。黑格尔、尼采、托尔斯泰等不但对老子的思想进行深入研究，而且把学习所得通过各种方式传授给大众。尼采曾经说过：“《道德经》像一个永不枯竭的井泉，满载宝藏，放下汲桶，唾手可得。”在当今时代，德国、法国、英国、美国以及日本等发达国家，“老子热”更是如火如荼，《老子》一书在这些国家一版再版，稳居图书销量排行榜前列。2007年，在已有多种英译本的情况下，美国八家出版商为一种新的《道德经》译本出版权竞相抬价争夺，最后某公司以13万美元的高价买下。美国前总统里根在其1987年的国情咨文中，曾引用老子“治大国若烹小鲜”的名言来阐述他的治国方略。20世纪80年代，据联合国教科文组织统计，在世界文化名著中，译成外国文字出版发行量最大的是《圣经》，其次就是《道德经》。

这就不能不令我汗颜，在世界发达国家追捧老子的时候，我们这里居然如此冷清，是我们真的不需要吗？我看未必。其实我们目前的境况比任何时候都更需要老子的思想，但我们已经被某些短视冲昏了头脑，静不下来，而老子的思想，是在静中学，在学中静的。无为才有为，在很长一段时间内，我们还无暇顾及这个道理，这是社会发展的必然，也是人类是否成熟的标志。但老子告诉我们相互对立的事物会互相转化的道理，循之，主观上没有欲速的想法，客观上却可以更快地达到。可见，我们没必要等，更不

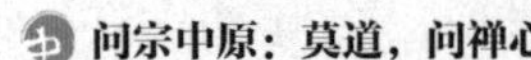

应该给自己找些之所以不为的借口，我们离发达国家还有很远的一段距离，如果我们掌握并运用了老子的思想，或许我们会有意想不到的收获，无意中会加快赶超发达国家的进程。

二

恕我直言，我对国内众多单一的人文景点向来不感冒，除非既是人文景点又有可观的自然景色，否则我是不大愿意前往的，无非是几尊塑像，几座庙堂、祠堂，或一些旧的家具物件，再或者就是摆放几个自以为高科技的东西，譬如电视、电脑、投影等，有一搭没一搭地播放着驴头不对马嘴的东西，偶尔播放一些契合主题的画面，也是主次不分，让人云里雾里，摸不着头脑。更让人忍无可忍的是，很多景点都会炫耀似的挂出某些明星或权贵到此一游的巨大宣传画，似乎有头有脸的人到此一游就能提高景区的档次。其实这些人忘了，或许这个景点就是名垂千古的某个历史名人的纪念地，用这些追名逐利的所谓名人扬名人之名，只会适得其反。

我曾在某个城市经朋友力荐进过一家当地知名的牛肉汤馆，一进门，我就被高悬于墙上某明星的巨大照片给“震”住了。我实在闹不明白，喝碗牛肉汤，也需要这么大的腕“勾引”吗？牛肉汤，说到底还是应该处在解决温饱问题的水平上吧。不过我也突然明白了一个道理：“明星效应”并不是放到哪儿都会有效应的，至少在很多古圣先贤的纪念景点，大多起不到积极效果，只会显得不伦不类，让游客本有的恭敬之心迅疾寡淡甚至荡然无存。

我最后一次到老君山是在不久前，外地来了几个生意场上的朋友，在城市转了两天之后，在名刹古寺焚完香叩完头之后，忽然提出要去敬敬老聃。说实话，对于他们的敬，我都不屑，何况老聃。

此老君山从拐入上山之路算起一直到山顶，有四十余华里。想当年，羊肠小道甚至无路可走需披荆斩棘，那老聃费尽九牛二虎之力也需三天才能爬至山顶吧，何况他还手牵青牛，老牛一耍横，老聃自当使出浑身解数降服犟牛。当老聃精疲力竭到了山顶，青牛霎时稀软卧地，他盘腿往那青牛身上一坐，放眼望去，感叹不已：“好一个人间仙境，我就在此炼丹归去了。”想想那时换作何人，经过艰难的跋涉，待来至山顶，清风扑面，沟壑深幽，万峰隐约，更有满山青翠欲滴，群鸟自由嬉戏眼前，几缕白云悠悠闲荡于你需俯视的山间树丛，一种腾云驾雾的感觉油然升起，谁还愿乘累归去？

如今已经面目全非、水泥铺就的道路直通主峰半腰，车停稳，仅需几十米漫步，就可乘缆车直达峰顶，若老聃在世，恐怕在感慨万千的同时，也没了柳暗花明又一村的豁然开朗，不归的念头在现代根本没有产生缘由。也难怪如今修炼之人很少隐居山顶，其实山顶和山下有何区别，只不过一袋烟的工夫就完成了山脚山顶的转换。其实山区和城市又有何区别？哪一个县城不比当初皇帝老儿盘踞的京城繁华？

几个朋友轻松来至山顶小庙，跪拜烧香，祈福许愿，完毕，拿出相机、摄像机一阵忙活，“到此一游”的印记永久保存，之后打道回府，小半天时间便达成了登临道教圣地的心愿。

什么是道？什么是德？

“道可道，非常道；名可名，非常名。无名，天地之始；有名，万物之母。”

其实不管儒不管佛抑或其他宗教，都是针对人本身修炼而言的，唯有老子的《道德经》涵盖了宇宙万象，当然也包括单个的人。孔子虔诚地拜老子为师，在聆听了老子的教诲之后，不无真情地对弟子说：“吾所见老子也，其犹龙乎？学识渊深而莫测，志趣高邈而难知；如蛇之随时屈伸，如龙之应时变化。老聃，真吾师也！”而我们这些凡夫俗子，居然置老子于不顾，也难怪现时社会中无论贵与贱无论富与贫都感觉活得不爽，把老子的思想变成了自己的思想，恐怕我们都找不到不爽的理由。

佛家有句话叫“酒肉穿肠过，佛主心中留。”其实学什么信什么都一样，用心没有也有，无心有也没有。看着那些“虔诚”的跪拜之徒，我经常会有这种奇怪的想法：心里压根儿没有，一切外在的东西做得再像模像样，顶个鸟用？

离开老君山的时候，看着渐渐远去的售票窗口，我又突然想起景区新出台的优惠措施：凡李姓人氏2012年全年免票。我们这堆人中没有一个李姓的后代，所以进去的时候都买了票，没有人后悔自己为什么没生在李家，倒是有个朋友半开玩笑的一句话还算逗乐，他说：下次带人来的时候给每个人都办个假身份证，现在的假证才二十多元一个，比门票便宜多了。我笑着，想：闹不好哪天来老君山的游客都成了老李的本家了，到那时，不知老李在天之灵是哭笑不得、喜极而泣，还是悲哀至极。

三

中国的老君山都不大出名，不是专门研究老子或居住在老君山附近的人不会有多少人知道老君山的存在，更不会知道老君山因何而得名。这也不足为奇，老君山大都是位于山脉深处名不见经传的无名小山，因为相传老子曾居于此所以得名，而且也不排除某些山本就是徒有虚名，是老子的弟子或本地的官员为了造声造势假借了老子之名，但弟子和官员的初衷却截然不同。弟子是为了继承师道，弘扬道法；官员是为了发展经

济，创汇创收。初衷不同，经营的方式和手段也就各异，效果自然是两码事儿了。所以也不能怪大众到了道教圣地却不见道气不闻道声，目的本不在此，见了闻了才是咄咄怪事。

除了老君山之外，还有一个地方堪称道家思想的发源地，也是老子著述《道德经》所在地，这就是地处长安古道，紧靠黄河岸边，位于河南省灵宝市的函谷关。

我曾两次到过素有“一夫当关，万夫莫克”之谓的函谷关。关于老子著述《道德经》的经过，现如今比较认可的说法是老子当时司职守藏室之史的周王朝王室发生内乱，叛乱的王子最终失败，遂与旧僚携周王室典籍逃亡楚国。书册典籍已被席卷而去，管理这些典籍的官员便成了无业游民，当然也免不了失职之罪，老子于是受到牵连，只好离宫归隐，青牛一骑，西奔函谷关，欲游秦国。驻守函谷关的军队最高长官名叫尹喜，见老子要出关，远走高飞，遂动了心计，非要老子留下他的智慧才能出关。老子对此交换条件虽然心中甚是不悦，但为了拿到出关“护照”，也只好忍气吞声，于是，《道德经》便问世了。

对此种说法我一直感觉有牵强之嫌，想那孟尝君与老子相比可谓天上地下，然孟尝君略施“鸡鸣狗盗”小计就混回关内，如此大智的老子怎么会明知不可为而非要为之，老子巧施雕虫小技难道不能逍遥关外？更值得推敲的是老子坐在舒服的“办公室”几年没有著书立说，倒是被逼得心急火燎之时几天之内就写出了惊世骇俗的经典。不过用老子的思想看，此说也有它成立的道理，老子倡导顺势而为，也就是随缘，估计彼时的老子也确实无计可施了。

既然是老子思想出炉的地方，函谷关无疑成了名副其实的道家文化发祥地，正如中国道教协会会长闵智亭为函谷关旅游区题写的四个大字一样，这里是正宗的“道家之源”。其实函谷关能够展示这里曾是道家始源的地方只有一座太初宫。这座始建于西周的道观历经战乱，数经修葺，其容貌已和初建之时相去甚远。观内除两通石碑外，空空如也，甚是冷清。传说中的众多海内外道家、道教人士都到这里朝圣祭祖的场面我没有亲见，估计怪我两次去的都不是时候。

雨中访道老君山

王正军｜文

一

老子在西出函谷关、留下五千余字的《道德经》后，便不知所踪。不过后世相传老子是遍访名山去了，最后在老君山归隐修炼。老君山位于洛阳市栾川县城南三公里处，是秦岭余脉八百里伏牛山的主峰。《明嘉靖南阳府志校注》卷二载：“老君山，在内乡县北250里处，突峰悬崖，隐现云表。世传老子修道于此，药灶、丹炉遗迹俱存。”

老子归隐老君山从历代藏书中难以有专著寻迹，只有至唐以后的碑文和地方志上记述其归隐史实。从老君山现存残碑上可以得知，老君庙始建于北魏年间，有老子隐居的朝阳洞（又称“老君洞”）修炼遗迹。唐贞观年间唐太宗尊老子为“帝室先系”，派重臣监修老君山道观，铁瓦盖顶、石墙浆砌，并铸老君铜牛像，至此登山朝拜者人流如潮、络绎不绝。尤其每年农历四月初八庙会，通往老君山顶的四十余里山路上竟是行人如龙，五步一跪、三步一叩及封口朝拜者大有人在，成为一景。

老君山留下来的文物大多是明朝时期的。明万历皇帝体弱多病，仰慕老子修道养生而健康长寿，把生命与帝业寄托在老君山老君爷神灵之上，铸造大铁钟，虔诚保佑。万历三十一年（公元1603年），朝廷印造《道大藏经》颁发老君山，史有记载。

老子被神化抬高由人到神，以至历朝历代在老君山都出现过老子显灵救助苍生的神话故事，继而出现物象神化、迷离扑朔的老君台、老君杯、老君钻、老君磨、仙人桥、悟道石、煮人锅、饮牛池、老君丹、老君拴牛桩等，就连明太子朱慈烺逃亡至栾川时也不忘藏身老君山，梦想托老君爷之福，保佑江山恢复。

【作者简介】

王正军，陕西人。研究古文化多年，专研《论语》《老子》《周易》。

二

有些道理是要亲身经历了才能懂得，有些地方是要身临其境了才能了解。冒着淅淅沥沥的小雨，我走进老君山，正是为寻访那“玄之又玄”“惟恍惟惚”的大道。道在哪里？道在脚下，道在心里。踏着两千多年前传说中老子的足迹，把身心融入细雨飘飞、云雾缭绕的老君山，体会那虚而实之、实而虚之的自然、自在之道。

进入景区，先参观老子文化苑，首先映入眼帘的是两个高大的汉阙，不远处是一块宽大的照壁，上书“老君山”三个大字，字体浑厚，苍劲有力。再往后，层层楼台向后延伸，最后是金色的老子铜像矗立在青山之间。

老子文化苑中处处散发着道的气息。汉阙上镌刻的“天一”、金水桥桥栏上的“明道”，地板上精心制作的大大的“？”，众妙门、得一门、上善池、崇玄馆、祥和门无时不在提醒人们：道，无处不在。

道，无处不在，却又无从捉摸。“道可道，非常道。”这是《道德经》的第一句话。“可以说得出的道，就不是永恒的道。”这是其中一个被普遍接受的解释。道，为什么说不出呢？道是一种体验，体验是无法传达的。文字可以被传达，但文字只是一种容器。如果你没有体验，你拿到的就只是一个空洞的容器。你只有通过亲身体验才能理解它，没有人能够代替你，就像没有人能够代替你吃饭和恋爱一样。你只有透过生活的喧嚣才能找到那种体验，才能找到那种被感悟的东西。就像站在这老子文化苑之中，能够感受到一种气氛，这些是通过看到的自然景物、人文建筑及镌刻的文字、对联，通过自我心灵的联想、想象，从而给我们的身体与心灵带来的感觉。我们感受到了什么，说是说不清的，可是我们终是有所得的。

走上天台，仰望老子铜像。老子铜像，

高59米，据说用360吨青铜铸造，堪为世界之最。老子一手托书卷，一手伸出食指，指向天空，神情肃穆，似乎在向人们诉说着无言的大道。向下望是三重太极和合广场，一个巨大的阴阳太极图，向外又伸展为红、黄、蓝三种颜色的太极图，充塞了巨大的广场。还有一面《道德经》墙由两岸三地的现代书法名家联袂书写，九九八十一章《道德经》，字体或浑厚、或飘逸、或庄重，令人赞叹不已，为国内首创。

“是以圣人处无为之事，行不言之教。”老子铜像一指指天，寓意非凡。《道德经》有云：“道生一。一生二。二生三。三生万物。”

“昔之得一者。天得一以清。地得一以宁。神得一以灵。谷得一以盈。万物得一以生。”

道者为何？一者为何？需要我们穷尽一生去寻求答案，而此时，我们只需顺其自然，随大家一同观赏、一同感受就行，让道的感受在心里播下一颗种子，慢慢地生根、发芽、成长……

三

雨，淅淅沥沥地飘洒，却挡不住我们上山的步伐。在老君山，要上山就一定要体验一下中灵索道。它是目前省内最先进的空中索道，全长两千七百多米，高度落差近九百米。坐在索道上不仅可以节省上山时间，也可以在吊厢内欣赏与低处不一样的老君山风景。

出了索道，走不多久就来到了中天门，

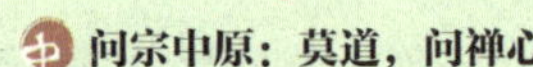

中天门雕梁画栋，立于山前。门前老子塑像高大雄伟，驾匹青牛，牛头朝右，昂首长哞。老子身披黄色披风，背负竹简，长须飘然，仰头思考。

从中天门拾级而上，就来到了救苦殿。

救苦殿原建于唐代，清末时被火烧，后又集资重建。殿内供奉的是太乙救苦天尊。传称，太乙救苦天尊神通广大，无处不在，无所不能。人如遇到苦难，只要口中念诵太乙救苦天尊名号，太乙救苦天尊就会随声应化，帮助人排忧解难、化凶为吉。道教的主要宫观一般都有太乙殿，供奉太乙救苦天尊之神像或神位。太乙救苦天尊之神像常作天尊骑狮子状。

往后走，继续登山，山路蜿蜒，随处可见悬崖峭壁间有山泉垂流而下，訇然有声。曲径通幽处，石径崎岖，各类山花芳香四溢。山间林密，泉隐其中，泉水在林木疏朗处闪过亮亮的一泓，如丝如带，缭绕林间，往往与飘拂的烟云结伴而行。

在灵官殿中和当地人闲聊，据此人讲，若晴天登上老君山巅，远眺，群山如沧海中的座座孤岛尽收眼底；近观，孤峰对峙，耸峙入云，让人有种“足踏仙台上，人在画中游”的感觉。

雨中的老君山自有雨中的风韵，在云雾弥漫的山中，除了叮咚琤然的山泉声和淅淅沥沥的雨声外，周围一片寂静，颇觉老君山的仙气缓缓升腾，使得人们也默默地赶路，生怕打破那一份宁静。雨稍稍大了，大家撑起了伞，穿起了雨衣，人在雨中行，人在雾中行，花花绿绿的，给苍翠的山林增添了一抹抹的亮色。在地上，一块块的小小地板上面镌刻着“福”“寿”“禄”等字，字体各异，有隶、篆、楷、行、草，不一而足，顽皮的孩子走一路踩一路，许是能沾上许多好运道吧。

山雾迷蒙伴人行，山泉叮咚悦耳听。不觉间便走到了老君山正顶老君庙。老君庙前建老君殿，后盖藏经楼，明清两代都叫“老子楼”。原建筑始于北魏，历代重修。唐代尉迟敬德曾监工重修一次；明朝最为鼎盛，铁椽铁瓦、大铁钟、铜牛，一片金碧辉煌；20世纪50年代初期被毁坏；现在的庙宇是2004

年重修的。

在老君殿前，一群人手拉着手围成一圈，里面也有用白灰撒成的两层圆圈，他们绕着圈转，不知是什么仪式，有什么寓意，只是有一点是可以肯定的，那就是对美好人生的希冀。

离开老君庙，沿着依山盘旋的栈道，登上了马鬃岭。马鬃岭是老君山的最高峰，海拔2200米，为伏牛山主峰。站在马鬃岭之上，极目远眺，群山如沧海中的座座孤岛；看近处，双峰对立，耸峙入云；看远处，那逶迤的群山，山下云雾升腾，山峰刀劈斧削，犬牙交错，看上去雄伟壮观、多姿多彩，奇峰异谷，挺拔秀丽。层层群山在云山雾海之中，时而翻腾而出，时而销匿无踪。在云雾缥缈仙气袅绕中，盘山公路蜿蜒而上，就像一条大蛇一样盘在山中，山中的古寺、楼阁，时隐时现，在苍松翠柏之间，与大山、云海构成一幅绝美的画面。面对此景，置身其中，对着大山喊两声，顿觉神清气爽。

道法自然，大道行天下，在大自然的灵山秀水之中体悟道，唐代诗人王维的《终南别业》给了我们最好的解说，他在诗中写道：

中岁颇好道，
晚家南山陲。
兴来每独往，
胜事空自知。
行至水穷处，
坐看云起时。
偶然值林叟，
谈笑无还期。

道宗下清宫

孙钦良｜文

道侣栖止，宫观构筑，历来讲究风水。

洛阳北邙山为“道家七十二福地”之一，风水极好：仰观云蒸霞蔚，俯瞰东流洛水，枕黄河，朝嵩山，挟太行，跨函谷，大有生气。其中上清宫、下清宫处在龙脉之上，道家把翠云峰称作“金台玉局”。

上清宫是官方建造的第一座道宫，有浓厚的政治色彩；下清宫历来为道士炼丹修道之所，被称为“天下道宗”之地。

一

人都说“天下名山僧占多”，确实，道侣们占尽了洞天福地。

道教崇尚自然，素爱名山大川，占据无数“仙山”，称作“洞天福地”，包括“十大洞天”“三十六小洞天”和“七十二福地”，其中洛阳北邙山为第七十福地。

在风水师看来，邙山风水之所以好，在于老子在此修道炼丹，创制了道家学派，启开了道教之门。所以《万神圭旨》开篇诗云：“金台玉局绕彤云，上有真人称老君。八十一化长生诀，五千余言不朽文。”

那么，老子在洛阳修道，为啥要选择翠云峰呢？原来，道家追求“天人合一”，活着的时候，与地合；死后升天，与天合，所以要选地面上的制高点。

而这个制高点，还应在宝穴龙脉上，生气旺盛，可凭借力，使灵魂接近天庭，还可借助龙脉，乘龙飞天。翠云峰位于邙山之巅，地势高峻，正是修道炼丹的理想之地。

如果拿一张隋唐洛阳城复原图来看，你会发现上清宫、下清宫位

【作者简介】

孙钦良，《洛阳晚报》首席记者，文史学者，洛阳文化产业研究院副院长，洛阳炎黄文化研究会副会长。

于子午线上。这条线的北端是上清宫和下清宫，南端是龙门，中间是定鼎门和应天门。如果拿一张河洛地区图来看，会发现八百里秦岭起伏不断，宛若一条长龙，向邙山延伸而来。邙山之下是洛阳城郭，尽得宝穴，聚集王气。

当年，老子见到周室衰落，山下王气黯然，就上了邙山，吸纳生机，静心养生。他砌了太极八卦炉，以乾、坤、坎、离、震、巽、艮、兑八方位，调动天、地、水、火、雷、风、山、泽灵性，炼丹修道，炼成之日，欣然揭炉，轰然一声，炉膛里迸射出万道金光，直冲霄汉。

老子自用了一粒金丹，脱了凡骨，头上顶着一团紫气，来到翠云峰旁的一条峪中。他用仙丹点化了那头青牛，青牛也就成了神牛，他骑上青牛，西出函谷关，写下了《道德经》。

明朝诗人张姜谷在《青牛吼谷》中记下了这个典故：“大道归何处？白头一老翁。名逃柱下史，丹炼翠云宫。紫气冲关外，青牛吼谷中。流沙越万里，西去觅真空。”可见翠云峰这块宝地之大有来头。

二

如今上清宫和下清宫共有十几名常住道士，但据附近的老百姓说，虽然“两宫”都有食堂和居室，但大部分道士都住在下清宫。

这是为什么呢？早在两年前，我写“上

清宫系列”时就发现了这个情况，心想：历史上的上清宫至高无上，本是道士们的向往之所，如今的道士为什么想住下清宫呢？

原来，当年日寇侵犯洛阳，上清宫被炸得面目全非，地脉几乎也被破坏。那是1944年的5月，日军大举进犯洛阳，国民党第十四军九十四师守洛阳城，第十五军六十四师守西工，六十五师守北邙。其中十五军的军部就设在北邙上清宫，军长武庭麟率将士死打硬拼，一万多名抗日官兵血洒翠云峰。

在日军的多次进攻和飞机的狂轰滥炸下，上清宫成为一片废墟，偌大一座道观，只剩下翠云洞。接着是20世纪40年代末，国民党军队在上清宫修筑工事，抵御解放军进攻洛阳，主殿、配宫都被拆除了。战后，后院的东西寮房、翠云洞虽然留存，但已是弹痕累累、千疮百孔，处于风雨飘摇之中。连年战乱，庙院树木也被砍伐盗卖，整个宫院础石裸露，瓦砾成堆，蓬蒿丛生。据附近村庄的老香客说，1944年之后，道士们就不忍在此安席了。

到后来310国道开始修建，几十米宽的公路破土挖沟，从上清宫北边穿过，车声隆隆，风水气脉，为之所撼，道士就更不愿意在此居住，更加喜欢下清宫的清净。

道长张信铭说，以前邙山上生有很多树木，尤其翠云峰更以绿树如云而得名。清末以来，树木屡遭砍伐，黄土裸露，只能种地了。所幸从2004年春天开始，洛阳市开始营造上清宫森林公园，市民踊跃捐款，栽植了经济林木24.2万株。十余年下来，这里已是满眼青翠，形成了道教文化生态区和生态果园休闲区。这个占地2600亩的森林公园，连起了老城区邙山镇营庄、岳村、史家沟、葛家岭、苗南五个村落，地气和人气都聚拢起来，基本上恢复了原来的地脉风水。

外地人非常羡慕邙山的道家氛围，倒是洛阳人久居宝地，大有“久居芝兰之室，不闻其香”之感，每每谈起邙山宫观，总觉得其矮小破烂，哪有四川青城山、湖北武当山大型道观气派？殊不知在道教体系之中，洛阳“两宫”都有着“道宗”的地位。

其实，根本不用洛阳人出面，早有外地人建议重树洛阳道教祖庭的地位。周围的王屋山道教文化、函谷关道教文化、嵩山道教文化、缑山道教文化、伏牛山道教文化，都愿归于洛阳道教之麾下，我省一些学者正建议洛阳树起大旗，统领河南道教文化呢。

洛阳道教何以有如此重要的地位？

不用说，还是依仗着历史，依仗着老子和张陵。

三

老子是道家鼻祖，但并非道教创始人。

道家与道教，过去常被我们不加区分地使用，这是错误的。实际上，道家思想是一种哲学学派，道教则是一种本土宗教。

有人认为，在四川青城山创立道教的张陵是道教创始人。但站在洛阳道教渊源上来看，张陵在入蜀之前，在洛阳已经打好了道教的草稿，应该说洛阳是道教的发祥地。

张陵出生于今江苏丰县。东汉明帝永平十五年（公元72年），张陵来到洛阳，在翠云峰老子当年修炼的地方，一心一意研究《道德经》。《道德经》很好研究吗？不是的。《道德经》当时没有断句，没有注释，混沌难辨。张陵只好慢慢领会，在邙山上一学就是三年。

传说他在翠云峰修道三年后，突然跑来一只白虎，口中叼一竹简，放在他面前就走了。张陵不知其意，捡起竹简，见上面写着一道符，内容是“道”。张陵豁然开朗，从此悟道，领会了老子学说精髓，举手投足，能与天地自然相谐。

汉和帝刘肇上台后，听说张陵在邙山悟道，就派朝官拿着诏书请张陵下山做官，张陵不为所动。汉和帝又派朝官上邙山，封张陵为冀县侯，张陵还是不为所动。汉和帝第三次派人来，张陵干脆准备逃跑了。

你看，张陵不想当官，皇帝非让他当官，他就只有躲避了，决心到皇帝看不到的地方专心修炼。和帝永元四年（公元92年），张陵离开洛阳，再也没有回来——从明帝永平十五年来到洛阳，至和帝永元四年，他在洛阳已有20年了。

20年的光阴，道教教义早在他的脑海中形成了，道教的一些条规和戒律，也都打好草稿了，只是他没有在洛阳设坛授徒罢了。顺帝汉安二年（公元143年）七月，他到青城山降伏妖魔，有了具体的法事活动，当地百姓信服他，纷纷入“道”，奉他为“张天师”，尊老子为教祖，奉《道德经》为经典，道教从此便正式“开业”了。

值得注意的是，张陵在邙山修道时，并没有修建道观，整个翠云峰都是他修道的平台，整个洛阳城都是他悟道的背景。所以，洛阳就是道教的发祥地，而洛阳“两宫”便被认为是“道宗”。

后来，天下道士又从道家典籍中发现《道德经》《庄子》《易经》及“河图”“洛书”皆出自洛阳。且瀍河有老子故宅，孟津有龙马负图寺，邙山有上清宫、下清宫、吕祖庵，这些都是道教元素，于是大家都很向往洛阳，向往翠云峰。

缑山遐思

申荣彬丨文

缑山，偃师市东南四十余里府店镇府南村旁辽阔田野里的一座小小荒丘，却遐迩闻名，原因就源于一个美丽的传说。

相传，东周灵王太子叫晋，聪慧颖悟，淡泊名利，厌倦浮华的宫廷生活，常独自跑出深宫，在乡村田野里吹笙，声如鸣凤，最终得道成仙，在缑山上驾鹤飞去。传说中的一个细节成全了缑山的名字：由于太子晋乘鹤飞去时太匆忙，剑柄系穗儿挂在刺枝上，被扯断了；剑柄上所系之穗儿古谓之“缑”，故以名山。

一个传说，遂使蕞尔小丘一跃而为道教名地。传说，自然是杜撰的，但杜撰的传说曾为缑山带来的繁华热闹毋庸置疑。据说汉武帝、武则天、乾隆等古之帝王，都曾驻跸此山。历代的文人墨客，如李白、白居易、苏轼、元好问等，更是在此留下诸多诗篇。缑山，因一个传说，遂与古之帝王和历代大诗人结缘。

但我觉得传说中剑穗儿被刺条挂断之说，有点牵强附会。它虽解释了缑山之名的来历，但乘鹤飞升，自是悠然自得，却心急火燎，有仓皇狼狈之意，难道道心已成，升往仙界也如争名夺利一样迫不及待？这与美丽的传说很不协调，也与得道成仙的境界相悖谬。

一个暮春晴朗的早晨，我顺着绿草上挂满晶莹露珠的田间小径向缑山走去。麦田上空，鸟雀在蓝天里鸣叫着。身后连绵的嵩山，隐在一片淡黄明亮的光雾里模糊不清，仿佛雾中淡黑色的阴影。缑山，载负着古之帝王们对传说的仰慕之心，载负着历代文人墨客寻访传说的墨迹，静卧在乡野春天和煦的阳光下。

那曾经的繁华已不复存在，萋萋碧草遮没了古之帝王的足迹；御

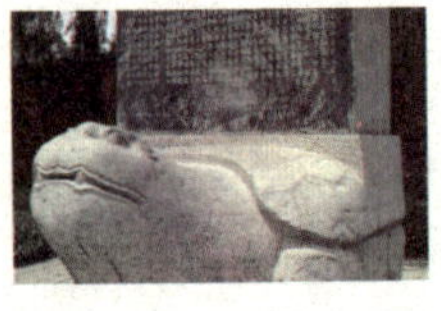

【作者简介】

申荣彬，河南遂平人。酷爱文学，为丰富人生阅历，足迹遍及全国。现居台湾。

制碑碣风剥雨蚀，挺立荒草中，显得荒凉寂寞。山顶有一无极殿，殿内一人焚香默坐，四壁画着与传说无关的《二十四孝图》。

走进大殿，袅袅香烟之中，我找不到自己想要寻找的东西，便走了出来。站在山巅，举目纵眺：晴空朗朗，朵朵白云在天空悠悠飘荡，影子投落在下面无边的麦田上，仿佛碧毯上绣着几朵灰暗的花纹；一片碧绿的草地上，几只棉花团似的羊儿在吃草，旁边凉爽的树荫下，一个身穿红色衣衫的姑娘，静静地坐着，田野的绿色把她衬托得格外醒目，仿佛草地上盛开的一朵鲜艳的红花……

初夏的村野芳香迷人，一切都散发着恬静祥和的气息。

我忽而想，传说是假的，但传说往往有现实的影子为蓝本。也许太子当年就是个不慕荣华、向往村野的人，他常常走出深宫，陶醉在乡村景物之中；这便使他有机会接触下层老百姓的生活——他自幼生活在奢侈的宫廷，看到老百姓生活的甘苦，自然会在他习惯于富贵的心中引起另一番思索。他那如凤鸣般的笙歌在这片田野里响起，笙韵里不仅流露出对乡村美景的赞美和向往，也应该包含着对黎民百姓的关切和同情。也许是厌倦了宫廷的浮华，也许是向往乡村的质朴，最终他消失了，不知所往，人们只在缑山的一条刺枝上，发现了他剑柄上被扯断的穗儿。于是人们便以此敷衍出驾鹤而成仙的传说，表达对太子的怀念和爱戴……

太子不可能驾鹤飞去，但他有可能走出宫廷，在这一带的田野里游玩，有可能登上缑山，像此刻的我一样，纵目欣赏乡村田野的迷人景致。难道当年他就没有可能像此刻的我一样，欣赏的目光落在一个美丽的姑娘身上？

想到这儿，我很高兴，好像为那个不协调的传说结尾找到了恰当的诠释——

太子美妙的笙韵迷住了一个美丽的姑娘，他也深深爱上了这个姑娘。但严格的封建礼教不可能让他把姑娘带回宫去，于是他常独自出宫，在幽静的缑山上与姑娘幽会。消息传到宫廷，宫廷上下一片震惊：一个有望继承王位的太子，竟敢做出如此离经叛道的事情！于是一队捉拿太子的人马悄悄奔出宫门。应该是一个有月亮的夜晚，如水的月光洒在寂静的田野，夜虫在草丛里唧唧鸣叫，草叶上闪烁着晶莹的露珠；太子与姑娘相约于缑山，清亮婉转的笙韵在乡村大地静谧的月夜里悠悠响起。正当他们陶醉在爱情的幸福之中，突然之间，捉拿他们的人马已出现在眼前。太子急忙带着姑娘逃走，情急之中，腰间佩剑柄上的穗儿被身边的刺枝上挂断了。也许追拿的人也不敢过分为难太子——他毕竟是太子，而且手中又有锋利

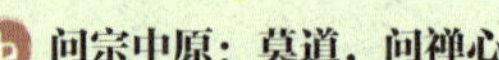

的宝剑，便不再追赶下去，带着刺条上扯断的剑穗儿回宫复命去了。太子则从此脱屣世事，不再回宫，带着心爱的姑娘远走高飞，去了一个有美丽山水和真正爱情的人间天堂……

这，难道不是对一个尘世之人羽化登仙的最好诠释吗?

太阳渐渐升高。山下的麦田在阳光下翻滚着绿浪，缑山仿佛是耸立在碧波荡漾的麦海中的一个岛屿。我在山上走动着。无极殿前，有乾隆御制碑，上刻七律云：

缑岭芄葱嵩岳连，
传闻子晋此升仙。
割来太室三分秀，
望去清伊一带绵。
欢豫民情他阆苑，
菁芊麦色我芝田。
孜孜求治犹多愧，
无暇重翻学道篇。

从诗中看，当年乾隆驻跸缑山，也应该是碧野葱茏的春天吧？他虽慕传说之名而来，但站在山上眺望的，却是山下的青青麦色；心中怀想的，是天下民情和农事……

乾隆御制碑西侧，有一青石雕刻的巨大石龟，龟身上压一高耸碑碣。这便是武则天留在这里的“乌龟驮碑门”。当年她由洛阳赴嵩山封禅，途中留宿于此。碑文是她的手笔，洋洋洒洒刻满碑面；碑顶相向的两条雕龙脚下，刻有“太子升仙之碑”六字，六字之中，每一笔画，都是一只玲珑的小鸟，这些小鸟，仿佛正婉转鸣叫着，在缑山上，在嵩洛大地的村野之中，不绝如缕地吟出当年太子声如鸣凤的笙韵……

函谷关下谁骑牛

卢汴生丨文

时值深秋，我到洛阳参加河南省杂文学会洛阳笔会，看到会议日程表上有参观汉函谷关的活动，颇感意外。函谷关是我国历史上著名的关塞，位于三门峡以西、潼关以东的灵宝境内。“鸡鸣狗盗”“紫气东来”等成语和刘邦入关的历史故事都发生在那里。难道洛阳也有座函谷关？那么，是此关即彼关呢，还是两关彼此不相关？这样一想，既困惑又自觉孤陋寡闻。

翌日上午，带着新奇和悬念，我和文友们乘车来到新安县东的汉函谷关遗址。走过涧河上的小桥，沿河西行不远，就看到秋阳中一座高高的关楼横亘在前方。关前空地上芳草萋萋，一条黄土路贯穿关门东西。路两侧各有一座残缺的黄土高台。导游小姐介绍说，北侧是鸡鸣台，南侧是望气台。

鸡鸣台、望气台，顾名思义，它们分别源自“鸡鸣狗盗”和“紫气东来”两个成语。前者说的是孟尝君靠门客装鸡叫、骗开函谷关城门逃离秦国的故事；后者则说的是老子骑青牛西出函谷关的故事。可让我不解的是，函谷关可以有秦函谷关，也可以有汉函谷关，但是这两个故事的发生地毕竟只能有一处。莫非汉关是秦关的“山寨版”？

我把疑问说给导游听，不等导游开口，洛阳的一位文友便向我解释了汉函谷关的来龙去脉。

汉武帝时有位功名显赫的楼船将军，名叫杨仆，他是新安县人。当时秦函谷关以西的关中地区是都城长安所在地，物产丰富，商贾云集，皇室贵族也多集中于此。而新安县则在秦函谷关以东，属关外地区。杨仆为了使自己和家乡父老也能成为优越的关中人，就上奏朝廷，而后尽

【作者简介】

卢汴生，信阳日报社原编委、主任编辑，河南省杂文学会理事，信阳市杂文学会副会长兼秘书长。出版有个人杂文随笔集《记者当是好事徒》。

也曾于1923年重修，距今已近百年。坍塌的敌楼算不上什么好景致，却引得文友们纷纷拍照留影。

站在敌楼前放眼东望，南侧青龙山，北侧凤凰山。两山对峙的峡谷中，涧河闪着粼粼波光由南而来，又折向东流，如同“深险如函”的秦关一样。可以想见，当年的汉函谷关恐怕也是“一夫当关，万夫莫克”的险要关塞。

此时我多么希望能看到青衫纶巾、须髯飘飘的老子骑头青牛沿河徐徐而来。当年老子虽然不是从此入关西行，但他做过周朝管理图书的小吏，洛阳也是他工作和生活之地。至今洛阳城里还有一座《孔子入周问礼乐至此》的石碑。骑青牛的老子自然是不会穿越时空而来，但是于此时此地吟咏老子《道德经》中的名句“道可道，非常道；名可名，非常名”，却是别有一番领悟。相传老子的《道德经》就是在秦函谷关所写。当时的关令是尹喜。尹喜博览群书且善观天象，一天他登关楼远望，看见东方天际紫气缭绕，犹如飞龙，料定有贵人过关。果然，不久仙风道骨、气度不凡的老子便骑头青牛款款而来。尹喜挽留他住下，老子就在此写下了千古不朽的《道德经》。

《道德经》仅有五千余字，但它言简意赅，博大精深。我读这部伟大的哲学著作，常常惊叹：两千五百多年前，那还是个在竹片上写字的年代，周朝的一个小吏就发现了事物对立统一的关系，提出了“有无相生，难易相成，长短相形，高下相倾，音声相和，前后相随”等命题，讲出了“祸兮福之

捐家资，在西汉元鼎三年（公元前114年）将函谷关东移三百余里至新安。后人称之为“新关”，又叫“汉函谷关”。如今关门东侧的楹联 “胜迹漫询周柱史，雄关重睹汉楼船”中的“汉楼船”即指西汉楼船将军杨仆。

杨仆徙关的故事听上去似乎不可思议。为了当上关中人，杨仆不惜如此折腾。可是再想想，当时关内关外的差别也许就如现在的“北上广”与其他城市之别。杨仆徙一关而让自已跻身“关中人”之列，也让众百姓“农转非”，岂不是为民办了件大好事?

穿过深长的关门洞，拾级登上关楼。楼上仅见一座荒芜的敌楼，四门洞开，青砖包砌，砖缝中长着丛丛野草，显得凄凉。将近两千年来函谷关曾多次被重修，现有的关楼

所倚，福兮祸之所伏”的道理，这该有多么无与伦比的智慧啊！今天人类已进入互联网时代了，可是老子的这些道理仍然值得我们细细咀嚼、消化。

老子的伟大不仅在于他的思想闪耀着辩证法的光辉，还在于他的批判精神。老子虽然是道家学派的创始人，主张顺应自然、虚静不争、无为而治，但他并未脱离现实。他同情百姓疾苦，主张社会公平分配，反对剥削和战争。面对老百姓终日劳作却食不果腹的状况，老子说，这是因为奴隶主和贵族残酷的剥削和掠夺啊（“民之饥，以其上食税之多，是以饥”）！奴隶主和贵族不稼不穑、不狩不猎，却过着奢华的生活。老子抨击他们说，这不合“天道”啊——“天之道损有余补不足，人之道则不然，损不足补有余。”

老子的这种观点实际上就是主张社会要公平分配，不能让穷人愈穷、富人愈富，更不能把穷人原本就不足的利益再拿来供给富人。这在当时有很大的进步意义，就是在今天仍有现实意义。我们今天进行的经济、政治改革，说到底不也是要“损有余补不足”，缩小贫富差距，促进社会公平正义和共同富裕吗？

“功始将梁今附骥，我为尹喜谁骑牛。”从关楼下来，我在关门西侧的楹联前驻足细看，脑海里突然蹦出几行诗句：

老子已乘青牛去，
此地空余函谷楼。
青牛一去不复返，
紫云千载空悠悠。

当年老子写下《道德经》后又去了哪里，历来史家说法不一。司马迁在《史记》中说，“莫知其所终”。我倒是更愿意相信太史公的这种说法。其实，无论老子归宿如何，他留下的《道德经》，永远是人类思想史的天空中一颗光芒四射的智慧之星。

告别汉函谷关，我特意在望气台下留影纪念。我很想登上台去遥望一番，可惜无台阶可上。现在的汉函谷关还正在开发，没什么旅游设施，也不像其他旅游景区，有楼阁亭榭、喧闹车马。可是看着眼前坍塌的敌楼、光秃的黄土台、野草丛生的城墙，你仿佛可以听到它们在诉说先民的故事、岁月的沧桑，心中会泛起一种历史的真实、粗犷和厚重的感觉。

我喜欢这种感觉。

乡间走出来个文哲大师

宋 璨 | 文

早在两千三百多年前，民权县县城东北35公里处顺河乡青莲寺村出了一位伟人，他就是庄子。金秋时节，我们赶到民权县顺河乡青莲寺村，寻访一代“文哲大师”庄子的故里。

庄子名周，字子休，生于公元前369年，卒于公元前286年，他是战国时期著名的哲学家、道家学派大师，在我国哲学史和文学史上，都占有十分重要的地位。《南华经》一书集中体现了庄子的思想和文学成就。庄子的文章中大量采用寓言故事来说理论道，想象奇特，形象生动，富有浪漫主义色彩，鲁迅先生曾给予高度评价说：“其文则汪洋辟阖，仪态万方。”

庄子故里在民权县顺河乡青莲寺村。青莲寺村是黄河故道里的一个普通的小村庄，因为出了“一代奇才”庄子而被载入史册。这里地势开阔，树木繁茂，景色宜人。古老的青莲寺村因村旁的青莲寺而得名。青莲寺为唐代修建，传说这里曾为优婆说法、舌吐青莲之处，故名“青莲寺”。村北原为古巷，人称“庄子胡同”，庄子的故居遗址就在这里。

庄子故居南面有庄子讲学堂，后毁于兵燹水患，现不复存。据说，在月明风清之夜，庄子胡同时有蓬莱仙阁的“海市蜃楼”景象显现，瞬间又逝，这更增添了庄周故里的神秘色彩。庄子胡同的东南角，有一口古井，人称“庄子井”，井深数丈，壁坚如石，亮似墨玉，水清见底，虽然历史上多次遭遇黄河水患，但历经整修，保存至今。清代贡生张良珂曾作诗咏庄子井曰：“一株林园带夕阳，名贤故里甘泉香。居河莫作沧桑感，此水于今尚姓庄。”

庄子墓坐落在青莲寺村南五公里处，墓为圆形土冢，高约十米，

【作者简介】

宋璨，河南民权人。中国散文家协会会员，河南省作协会员，河南省书法家协会会员。

周长八十余米，墓旁翼然立有墓亭，亭中有碑，碑上刻着“庄周之墓”四个大字。此碑为清乾隆五十四年（公元1789年）重修庄子墓时所立。想庄子贫困潦倒一生，生前没有留下华屋广厦，死后丧葬简朴，更没有修建宏大的陵墓，但先生的墓前却留下无数仁人志士凭吊的足迹，在后人的心目中，庄子的地位丝毫不逊色于那些帝王将相。唐代大诗人李白曾在此留下不朽诗篇：“万古高风一子休，南华妙道几时修？谁能造入公墙里，如上江边望月楼。”

庄子哲学思想体系的核心是追求人类的精神自由，他在《逍遥游》一文里集中表达了“逍遥”的人生观。他的哲学崇尚人性，崇尚自然，极为鲜明地提出保护自然、顺应自然、顺乎天性的主张，他流露出的强烈的个性意识和生态意识令人吃惊，简直就是专为现代人而写！这些思想对我们今天建立“以人为本”的和谐社会有着非常积极的借鉴意义。

随着人类社会经济的不断发展，商业竞争日益激烈。地球上的资源被无休无止地开发，森林在减少，沙漠在肆虐，人们的生存环境在日趋恶化。现代人承受着外界和内心双重的压力，恼怒、狂躁、身心憔悴、歇斯底里，因此迫切需要精神的放松，需要心灵的解脱，庄子的哲学思想正是这样一支适合现代人病症的“清热解毒剂”。

我们热衷于寻求外国的“现代派”，岂不知世界级的大“现代派”竟在自家门口。小说《变形记》的作者奥地利现代作家卡夫卡，他的作品就深受庄子哲学的影响。被中国作家称为“作家的作家”的阿根廷文学大师博尔赫斯也非常喜欢庄子。思想无国界，庄子属于全人类，庄子的哲学影响着世界。

改革开放以来，民权县抢抓机遇，大力发掘和弘扬庄子文化，对有关庄子的遗迹、文物进行了全面整理修缮，新建的庄子陵园里立有天青石雕塑的庄子巨像，但见先生持卷而立，似乎在沉思，似乎在吟咏：“北冥有鱼，其名为鲲。鲲之大不知几千里也……”另外，庄子碑林、牌坊、逍遥宫、钓鱼台等景观也在筹建之中。多年来，前来庄子故里参观访问的游人络绎不绝，这里业已形成以庄子文化为特色的旅游景点。2002年以来，民权县先后举办了五届“国际庄子文化节”，新加坡、马来西亚、泰国等国家的庄氏宗亲也纷纷来庄子故里谒祖、旅游观光，以及进行庄子思想研讨活动。这一国际性的盛会进一步弘扬了庄子文化精神，做大做强了文化产业，从而带动地方的经济发展。经过这一系列的活动、交流，庄子的思想终将在国际上产生更加广泛而深入的影响。

问道逍遥观

梁耀国 | 文

河南禹州的逍遥观和山西浑源的悬空寺，皆建于陡立的悬崖峭壁上，同为宗教古建筑群落，命运却大相径庭，一个深藏大山无人识，一个誉满全国人皆知。尽管逍遥观名不见经传，但它毕竟是本地的一处人文古迹，因此我还是抱以虔诚膜拜之心，想去看一看，借此领悟道教文化的精髓。

2014年12月28日，星期天。吃早饭的时候，我神经质地突发异想，一心想去逍遥观看看。老婆说她有事陪不了我，让我找个伴儿，我立刻就想到了跟我一样贪玩的挚友老蒋。放下筷子，电话拨过去，简明扼要把情况一说，这家伙一口三个“中”，约定9点半在许昌汽车西站进站口碰面，不见不散。

逍遥观位于禹州市浅井乡崆峒山山腰上，相传是轩辕黄帝问道上古哲人广成子，且苦心修炼、得道成仙的地方。轩辕黄帝开创了中华五千年文明史，故该观享有“天下第一观”之美誉。

坐市区公交，坐电动三轮，坐城乡公交，坐黑出租，我们哥儿俩马不停蹄，不断地倒车倒车再倒车。坐城乡公交出禹州城区没多久，就看到离路不远的山峦上，采石场一座挨一座，粉尘遮天蔽日，拉石子的大货车一辆接一辆。装满石子的大货车每每从单薄的公交车旁驶过，我都感觉那大货车的整个车身都是颤抖的。我不免担心起来，离这里很近的逍遥观还能是个养心养性的清静之地吗？

买了票，刚进第一道山门，便看到对面的山脊上，烈焰灼灼，浓烟滚滚。用相机镜头拉近才发现，火场边那些橘黄色的小点原来是正在扑火的森林消防战士。老天爷保佑，我暗自为他们祈祷。

【作者简介】

梁耀国，河南许昌人。河南省杂文学会会员，现任许昌市房地产交易中心副主任。

草黄树秃的三九寒天，水无疑是最有灵性、最能悦人眼目的。在逍遥湖边，我们拍潋滟的波光，拍天际的飞鸟，拍山巅的孤树，拍嶙峋的岩石，拍觅食的羊群，拍晒暖的羊倌儿，拍戏耍的顽童，拍打鸣的公鸡，拍废弃的窑洞……拍足拍够了，才感觉已是饥肠辘辘。我和老蒋一人要了一碗方便面、一个茶鸡蛋，简单一吃，才进第二道山门，开始了我们真正的逍遥之旅。

沿逍遥河边的小道逆流而上，首先看到的是轩辕黄帝大殿。轩辕殿为单檐歇山式建筑，面阔五间，屋顶覆黄色琉璃瓦，屋脊正中塑飞龙两条。殿内供奉的是轩辕黄帝和他的两位夫人嫘母和嫫母。见有人进来，一位道士急忙把我们迎住，要为我们算上一卦，被我们笑着拒绝了。

离此不远，是在旧址高台上重修的三清殿。三清殿灰墙黛瓦，檐饰彩绘，整个建筑凝重肃穆，里面供奉着太清道德天尊、玉清元始天尊、上清灵宝天尊。

看到八仙宫的牌匾，我首先想到的“八仙”是张果老、铁拐李、汉钟离、吕洞宾、何仙姑、蓝采和、韩湘子、曹国舅。拜谒之后才明白，八仙宫还分上八仙宫、中八仙宫、下八仙宫，三宫自上至下，依山势而建。上八仙宫里住的是东方朔、李大仙、王禅、王敖、孙膑、二郎神、白猿、陈抟老祖，刚才说的那几位，也只能屈居中八仙宫了。下八仙指的是罗圣主、张骞、鲁班、和合二仙、杜康、刘伶、刘海。

飞驾于逍遥河上的剑桥，为砖石结构的单拱桥，建于唐朝，是逍遥观景区现存最古老的建筑之一。唐朝以前，道士、香客出入上下观，要么涉水，要么绕道，很是不便，后经多方努力，筹资建起了剑桥。没承想桥基坐在一块“翻身石”上，刚建成就面临坍塌的危险。黄帝云游至此，手搭凉棚往下一看，发现是成精的“翻身石”在作怪，便抽出宝剑，猛力朝其刺去。“翻身石”被降伏以后，此桥坚固如铸。如果下至桥下，仍能看到被剑刺穿的痕迹。传说是美丽的，信则有不信则无。

紧挨剑桥是龙王殿，东海龙王、南海龙王、西海龙王、北海龙王哥儿四个住在其中。

从剑桥到三皇殿，共139级台阶。立于桥上，用力击掌，能听到蛙鸣般的回音。拾级而上，叮咚有声，宛如走在琴键上一般，难怪有人给它起名“琴梯”了。我以为，之所以有如此神奇的效果，是因为台阶为青石材质，很早以前，古人就有以石为磬、演奏乐曲的先例。击掌有回音，也只是巧合。

三皇殿敬供的是轩辕氏、伏羲氏和神农氏。该殿是山腰最大体量的建筑，重檐歇山式，饰五彩斗拱。二层廊檐下，悬挂有“道

法自然”“神功叵测”“众仙之门”三块匾额。廊柱上的对联是：

常有常玄窈窈冥冥问道难寻广成子；
自根自木渊渊巍巍弗知即是大宗师。

门柱上的对联要直白些：

道行天下通四海；
教化人间播五湖。

悟道堂与三皇殿毗邻，不知何故，门锁着，不过，外面的几副对联很值得品赏：

北上昆仑惊天语会当凌绝览众山；
南下九江系黄龙踏浪逐波观沧海。

流行万古兼千古合撰清宁永不宁；
乾坤日月皆无心赤气杨辉处处灵。

清静洞阳敷妙德真机运动不停留；
唯有玄根同太极自然焕发合天经。

今生不了道；
披毛带角还。

望江楼上望江流望断东吴万里船；
拜月潭前拜月圆拜尽西蜀千江月。

在三皇殿、悟道堂后面更高的崖壁上，自西向东依次是老祖母殿、祖始殿和天爷殿。要想上去，必须借助两条铁链才能登上几乎90度的天梯。老蒋因为腿疼，留在下面拍照，我虽说爬了上去，但也吓得两腿酥软。说是三个殿，其实面积都很小，老祖母殿、祖始殿多说也只有五个平米，天爷殿面积稍大，也就七八个平米的样子。天爷殿全称“广生爷圣母老奶奶殿”，殿内正中是广生爷的塑像，左右分别是大奶奶、二奶奶、三奶奶和夜行奶奶。光看广生爷身边这几个女眷，就说明他是个好色之神。

小心翼翼从上面下来，与老蒋会合后，继续往里走，不时看到有残碑被当作阶石踩在脚下。我俯身看了看，字迹模糊，已看不出个所以然。或许来的不是时候，或许太靠里面，三处殿宇均铁将军把门。好在，我们钻过一条狭窄的石缝，可以直达得道庵。得道庵，即轩辕黄帝和老师广成子切磋道义、得道成仙之地。门口的对联就说明了这一点：“千古黄帝属轩辕，第一名师广成子。”横批：“广成圣祖。”

逍遥观素有“上观到下观，七十二大殿”之称，可见其规模之大。由于时间关系，诸如广成城、盘古殿、玄武殿等殿宇均没有去成，落下些许遗憾，但我会牢记广成子箴言：“天地有宫，阴阳有藏，慎守吾身，物将自壮。”来过，足矣，快乐就好！

当然，从逍遥观敬奉的人物也不难看出，只要有功于我们的华夏民族，自然而然就会被后人尊敬和怀念。

善应长春观

梨花飘飘丨文

“有心栽花花不发，无心插柳柳成荫。”说句实在话，游善应长春观对我来说，纯属意外之举，还真有点无意插柳的感觉。这一天，我到善应的目的本是体验乡间淘宝的乐趣，顺路到小南海原始洞穴遗址寻找猿人的足迹，或是走访“河朔第一古刹”灵泉寺。可事与愿违，原始洞穴遗址和灵泉寺这两个地方一个也未去成，却偏偏来到了我从不知晓的长春观，观赏独特的古代建筑，领略道教文化的魅力所在，品尝甘甜的玉泉水，享受美妙神秘的自然风光，也许这就是缘分吧。

这一天，我们走进三个村子，最后淘回了一只石狮子，看看将近中午，我们这才驱车往回走。在走到善应镇西侧约一公里地时，朋友将车往右一拐停到一处平地，然后向山上一指说：“上面就是长春观，以前我曾去过，你不妨去游览一番，别有一番情趣的。”

走下车子，抬头仰望，一座带有高高台阶的

【作者简介】

梨花飘飘，河南驻马店人。现居河南安阳。

道观坐落在半山腰，看上去既有几分险峻，又有几分神秘。我快步登上几十级台阶，面前是一处平台，再往上还有不少的台阶，在台阶旁有一游览指示牌，上面简要介绍了长春观的情况。

长春观，又名“口儿寺”，创建于唐代，系唐代大型道院，道教圣地之一。据说是为了纪念南宋全真教长春真人丘处机而建。相传唐高祖李渊曾于此山屯兵蓄锐；宋太祖赵匡胤千里送京娘，也曾入此观借宿。此观坐西向东，群峰拱卫，因而四季如春，松柏常青，“长春观”名不虚传。

继续沿台阶而上，山门左侧山崖上有全国人大原委员长周谷城亲笔题写的“长春观”三个字，遒劲有力，而又不乏端庄秀美。越过山门，进入观内，右侧是一原始人洞穴，于1960年修水库开山劈石时被发现，当地人称此处为“龙洞”。走进洞内，洞不太深，无论怎样观看，实在找不到原始人留下的痕迹，只是在洞外有一组原始人群像雕塑，才让人直观地回望了一下原始人生活的场景。

转身前行，左边是叫作“玉泉井”的古井，右边是菩萨殿。井房很独特，下边是一庙状，上边是一凉亭。沿着玉泉井右侧的台阶，拾级而上，又是一个平台。左边就是那个井房上的凉亭，建有大禹治水雕像。右边则是一个金碧辉煌的大殿，正面供有玉皇大帝的神像。与之相连的圣人洞，里面有孔子圣像，两壁分别有孔子故事壁图和文字简介及《论语》摘录。离大殿不远又有一石洞，便是老君洞了，此洞舍也是迄今保存最为完整的河南古建筑之一，高7米，阔6.3米，进深18.7米，全用一米厚的汉白玉条石砌成，无梁无柱，极为罕见。百姓这样形容老君洞：“这座房是好房，一没柱，二没梁，山沟出了巧匠人，窗户留在门头上。”洞内冬暖夏凉，舒适宜人。

走进洞内，正前方供奉的是道教创始人李耳，他巍然端坐，两侧的对联让人玩味和警醒：“心存邪僻任尔烧香无点益，扶身正大见吾不拜有何妨。”地面是一太极图，左边石壁上是关于老子的故事图画，右边石壁上是《道德经》全文，金色字体，金碧辉煌。“道可道，非常道；名可名，非常名。无名，天地之始；有名，万物之母。故常无，欲以观其妙；常有，欲以观其徼。此两者同出而异名，同谓之玄，玄之又玄，众妙之门……”我低声吟诵起老子这部不朽之作来。《道德经》全篇洋洋洒洒五千余言，字字珠玑，给世人留下了丰富的哲理宝藏，构造出了朴素、自然、豁达、飘逸的宇宙观、人生观和方法论的宏大框架。《道德经》又分为《道经》和《德经》上下两篇，《道经》讲述了宇宙的根本，道出了天地万物变化的玄机，讲述了阴阳变幻的微妙；《德经》说的是处世的方略，道出了人事的进退之术，包含了长生久视之道。我曾多次拜读《道德经》，一些段落至今还能背下来。

出老君洞，沿33级汉白玉台阶上去，就是与老君洞上下一体的转花楼。二者从清朝顺治初年破土动工，至康熙三十三年（公元1694年）竣工，历时五十余载，经道人汪守戒、李太光、魏清山祖孙三代营造，才得以建成。现在所见的转花楼是当代的复建。转花楼背山而筑，三山环抱，上下两层，由一侧上楼，可进三面的殿宇，故名“转花楼”。转花楼基部全部用汉白玉石砌就，檐柱回廊仅用36根木柱撑托，18间转花楼供奉着女娲、黄帝及传说中的神仙像。阁内泥塑造型奇特，蜡像酷似真人，木雕形态逼真，壁画色彩艳丽。雕梁画栋、飞檐斗拱，全部别具匠心。各殿楹联妙笔点睛，或劝世讽今，或寓意深远，或直抒胸臆，让人在欣赏

古代建筑，陶醉于自然之美的同时，体会到其中的佳趣，品味到深刻的文化内涵。难怪台湾学者王学敏女士盛赞曰：

灵山圣水携君游，
玉楼琼阁莲步休。
几番思却天将暮，
不言心中真情流。

站在转花楼前，极目远眺，蓝天白云之下，山青如黛，红墙绿瓦，亭台楼阁，那似带的洹水、如虹的三叠石桥，还有那绿油油的田野、起伏的山峦，都尽收眼里，恍若世外桃源，令人心旷神怡。

从转花楼下来，我已是汗流浃背、口渴难奈，就快步来到玉泉井边。此泉为长春观一大奇观，据《安阳县志》记载：“长春观有水井一眼，水味甘甜，游人奇之。”经国家有关部门检验，玉泉水含人体必需的十多种微量元素，慕名前来的游客必饮此水。一些文人墨客赋诗赞美此水曰：

长春观中玉泉井，
常饮常驻不老春。
老夫游山归家后，
妻问何来少年人。

寒山秀水育名泉，
此水生来不平凡。
消暑除烦调肠胃，
清心明目美容颜。

低头望去，古井不深，但水量不小，堪称一绝，人称“万口泉”。我喝了一口玉泉井的水，清凉中带些微甜，口感不错，一口气喝了一大碗，顿觉凉爽无比。

走出长春观大门，回头仰望，巍巍道观，屹立千载，穿越历史的时空，文明的古迹在这山清水秀的地方闪耀。我突然想到，这不就是我淘到的宝吗？

善应之行，快乐之行，来善应，真的不虚此行。

道教圣地中岳庙

一叶知秋 | 文

嵩山地区有代表佛教的少林寺，有代表儒教的嵩阳书院，有代表道教的中岳庙，可谓全国唯一的一个三教集中的地方。

中岳庙位于河南嵩山南麓的太室山脚下，距河南省登封市城东约八里。它是“五岳”中现存规模最大、保存较完整的古建筑群，也是河南省规模最大、最完整的古代建筑群。如此宏大而又庄严的庙宇，即便在全国也是罕见的，不去看一看，岂不遗憾?

道教圣地中岳庙的前身是秦时所建的太室祠，至今已有两千二百多年的历史，是历代帝王或大臣封禅或祭祀中岳嵩山的场所。西汉汉武帝元封元年（公元前110年）到嵩山时闻听“万岁”三声（其实是大臣们设的一个局而已）而扩建太室祠；北魏时改太室祠为嵩岳庙，道士进庙，成为道教活动场所；金大定年间、清初顺治至乾隆年间，曾大事整修，现建筑为清初建筑原貌。

整个中岳庙南北长650米，东西宽166米，占地11万平方米。因为是清初建筑，中岳庙有不少模仿北京故宫的成分，所有大殿级重要建筑均在同一条中轴线上。院内古柏参天，显得非常幽静。这古柏中有不少是汉代的千年古树，枝丫苍劲有力，值得一看。

来到大门口，“名山第一”坊矗立在眼前，这是近年新建，门外有两座四角亭分立于神道左右。亭内，为东汉安帝元初五年（公元118年）雕刻的石人翁仲，高约一米，平顶大脸，腰系大扣纽带，古朴大方，虽经风雨侵蚀，但衣着服饰仍很清晰。据史书记载，翁仲姓阮，为秦朝大将，英勇善战，死后铸像于咸阳宫避马门外，后来历代沿用，把铸刻的无名的铜像、石像都称为“翁仲”。大家注意，是“翁仲”而不是“仲

【作者简介】

一叶知秋，河南濮阳人。教师。

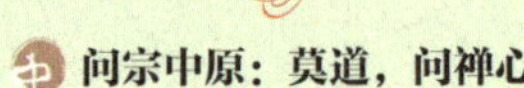

翁”啊。

穿过大门，就看到一座建在高台上的亭子，此亭称为“遥参亭”，为以前无法前往大殿的官员在此参拜。遥参亭后面就是天中阁，天中阁是仿天安门形式，只是比天安门小，天安门有五个门洞，而天中阁只有三个门洞，估计是因为不能逾制。

过了天中阁，有一个牌坊，上写“配天作镇”。道教讲究的是阴阳五行、天地乾坤，中岳庙是“五岳”中的中岳，是中心，只有天可以来相配，因此称“配天作镇”。再往前走是崇圣门及化三门，道教又认为人的大脑、心脏、四肢会有病存在，经过化三门，就可将这三处的病化解掉，起到使身体健康的作用。宁可信其有不可信其无，咱们先从这化三门里走一遭。

在化三门边上有一个著名景点值得驻足细看，即四尊宋代铁人像，高三米许，重约三吨，握拳振臂，怒目挺胸，形象威严，栩栩如生，是我国现存形体最大、保存最好的四个“守库铁人”，同时也是北宋铸造的艺术珍品。你看他们全身甲胄，怒目圆睁，或手抚宝剑，或紧握拳头，威风凛凛地四面各立一方。这是宋代遗物，距今已有九百多年历史，铁人经各代游人抚摸，全身锃亮如新，没有一点生锈的痕迹。传说当年此地共有八尊神像，他们在听善男信女说起岳飞抗金的英雄事迹后非常感动，便化装成普通农民模样，偷偷溜出庙去找岳飞。在黄河岸边渡河时，因为身体沉重，一铁人告诉船家，一船只能渡两人。船家觉得奇怪，在渡四人过河后，船家忍不住说你们是否是铁人，所以特别重？这样一来，泄露了天机，铁人沉到黄河底了。中岳庙的道士知道此事后，便派人去打捞，捞出来的四个便是现在我们所看到的，另外四个铁人据说在山西太原的晋祠里。

再往前走是峻极门、峻极殿和“嵩高峻极”的牌坊，连着三个“峻极”，显示了中岳庙的崇高地位。在峻极门和峻极殿间，东西两边各有两座高台，代表了“五岳”中的其他“四岳”，即东岳泰山、南岳衡山、西岳华山和北岳恒山。

登上峻极殿的台阶，两旁是石栏杆，当中铺有类似北京故宫中的龙形砖雕刻，图案非常精美。

峻极殿，俗称“中岳大殿”。走进中岳大殿，首先引人注目的是彩绘天花板上的盘龙藻井，是用精致的小型斗拱层层叠造而成的。盘龙居井心，龙口中原来系有宝珠，当地人呼之为“老龙盘窝”。藻井的雕刻艺术极为精湛，蛟龙卷须昂首，盘绕升腾，玲珑可爱，巧夺天工。

大殿神龛后壁立有阴刻宽迹的“三”字样的“坎”字碑一通。传说中岳庙后的黄盖峰西有座火焰山，坎属八卦中的水象，树立此碑，是以水灭火的意思。古人建筑可真够用心和讲究的。

峻极门因中门两侧塑有一丈四尺高的两尊将军橡，故又名“将军门”，是中岳大殿中心院的山门。门前右方有三块碑，分别代表道教、儒教和佛教，是中岳庙的镇寺之宝。其中第一块碑最为珍贵，下方有五个奇怪的图形，分别代表“五岳”。令人称奇的是，这些早年绘制的图形竟然和现代人用先进仪器测绘的“五岳”地理图一模一样，可见中国古代已有非常先进的测绘能力。从道教的阴阳、乾坤来看，“五岳”代表了东青龙、西白虎、南朱雀、北玄武、中无极，称为“青龙白虎通四方，朱雀玄武知阴阳”。在中岳庙中不少地方都有这个图形，古城西安目前还有朱雀门，就开在城墙的南侧。长安还发生过著名的“玄武门之变”，按照方位推断，应该在北门一带。

在中岳大殿右前方，有一块上书“岳立天中”字样的石碑，据说当年武则天当了女皇帝后，登嵩山封中岳，便立了此块碑。因为当时很少有封中岳的，武则天却执意要封，因而河南地区的老百姓对武则天还是非常感激的。河南话中对“行”“对”均用“中”表示，据说是从此而来，体现了河南人的自豪。

过了大殿，就是寝殿，因为武则天封了中岳大帝，因而也就有了皇帝的排场，从寝殿中就不难看出端倪。当中是中岳大帝和皇后的神位，左右分别有四个代表“琴棋书画”的太监，左右厢房中都是大帝在睡觉，皇后坐在一边，边上站着一个小丫环。不同的是左边厢房中大帝戴着皇冠，说明是在午睡；右边厢房中大帝没戴任何东西，说明是晚上睡觉，因而民间有“睡爷爷坐奶奶”一说。

出寝殿拾级而上便到御书楼。中岳庙最后一座殿宇，原名“黄箓殿”，是储存《道经》之地，创建于明万历年间。后来清代乾隆皇帝游中岳时，曾在此殿题碑书铭，故又称“御书楼”。

出中岳庙后门，有一条弯弯曲曲的盘山小道，可到达黄盖峰。汉元封元年武帝刘彻游嵩山时，见黄云盖其顶，预示吉祥之意，故名“黄盖峰”。现有清式八角重檐黄瓦琉璃亭，石栏三重，古雅别致，在亭上可俯瞰中岳庙全景。

因为那一天天气十分炎热，我们就远眺了一下这个亭子，没有登上去，算是留下了小小的遗憾吧！

王屋山上阳台宫

何　弘｜文

王屋山是道教名山，传说八仙之一的张果老曾在此修行得道。

唐初，皇室奉老子为祖先，对道教尊崇有加，王屋山也风光无限。唐武德八年（公元625年），高祖下诏定三教次序：以道教为先，儒教次之，佛教最后；贞观十一年（公元637年），太宗下诏贬佛崇道；乾封元年（公元666年），高宗下诏追封老君为“太上玄元皇帝”；仪凤三年（公元678年），高宗又下诏令道士隶属管理皇家宗族事务的宗正寺，班位在诸王之次，道教成为国家宗教，地位无比尊崇。唐玄宗即位，崇道至于巅峰，对老子一再加封，封号也越来越长。天宝十二年（公元753年），老子被加封为“大圣祖高上大道金阙玄元天皇大帝”。

皇上崇道，道士的社会地位也一时大为提高，不仅杨贵妃曾被度为太真宫女道士，玄宗的两个妹妹也入道，号“金仙公主”“玉真”。当时最负盛名的道士是司马承祯，他曾入宫度玄宗为“道教皇帝”。开元十二年（公元724年），玄宗命其在王屋山自选形胜之地，建阳台观以居，并御书“寥阳殿”。开元十五年，阳台观建成，玄宗命胞妹玉真公主入阳台观随司马承祯学道，一时震动朝野，王屋山也随之声名大噪。李白、张说、王维、岑参等大诗人都相继登临，并留下诗作名篇。

五代时，阳台观遭兵火损毁。金正大四年（公元1227年），道士志祐主持重建阳台观，并改名“阳台宫”。此后历代都有修葺。

阳台宫位于天坛峰下，是王屋山道教“三宫”（阳台宫、紫微宫、清虚宫）中现存建筑群体最大的道院，占地9300平方米。建筑群体沿山门中轴线组成二进院落，依山就势，北高南低，布局严谨，错落有致。

【作者简介】

何弘，河南新野人。中国作协会员。河南省作协副主席，河南省文学院院长，河南省文艺评论家协会副主席。

前院以三清殿为主体建筑，两侧有廊庑式配殿；后院以玉皇阁为主体建筑，另有王母殿；西院为白云道院，是道士起居之所。其实依地形规模，阳台宫在全国道观上算不上知名，但其天尊殿内的壁画非常有名。据道书记载，壁画高达一丈六尺，长95尺，“皆依道教经传、创意作图，画中神仙灵鹤、云气飞烟及王屋山形势嶂崿，一一毕呈”。壁画是否出自司马承祯的手笔不得而知，但最起码是秉承司马承祯旨意所画。李白的传世名帖《上阳台帖》：“山高水长，物象万千。非有老笔，清壮何穷。”据传就是为阳台宫内老友司马承祯的壁画所题。

阳台宫有一奇，站在宫前石阶上击掌，会听到类似当地人说的“凤凰鸣”。传说该宫建在了凤尾根部，登高远望，会发现阳台宫后面的天坛峰状似凤首，对天而鸣。宫前的九条大山岭合称“九芝岭”，自北向南以扇面形展开，状如凤尾。山民们把这种奇异的地形叫作“丹凤朝阳”。司马承祯当年选中这块风水宝地真可谓独具慧眼。

三清殿又名“大罗三境殿”，是我国现存体量较大、石雕和木雕艺术价值较高的明代单体木结构建筑。三清殿内纵横18根方形石柱和殿外12根露明石柱，通身高浮雕道教神话故事，如云龙翔凤、八仙过海、珍禽瑞兽、风雨雷电诸神等，形象异常生动。三清殿的木结构多采用宋元时期的营造手法，气势宏伟，制作精巧。内部梁架结构为九架梁屋，内额施平棊天花藻井。藻井斗拱多达十一踩五翘，上承云龙背版，制作精细，彩绘鲜艳。依《唐六典》“非王公之居，不施重拱藻井”之定制，可见其初建时规格就非同一般。三清殿殿脊上的大型鸱吻和脊兽均为三彩琉璃件，工艺精美。鸱吻高达两米，脊兽多达28个。

玉皇阁为歇山式三重檐阁楼建筑，其构件多数都是明代遗留下来的，楼顶架梁系清代重修。玉皇阁用八根12米长柱从基础直通楼顶，承载阁楼全部重量，稳固性能极好；其木构件及木雕虽明、清两代兼存，配置却非常协调；内部梁架四角的悬空垂龙柱，造型非常生动，格扇窗裙板透雕云龙、荷花、水鸟，线条流畅，工艺精湛，为明代森雕精品；三层阁楼全部采用琉璃瓦顶，整体建筑金碧交辉，富丽堂皇。玉皇阁廊柱浮雕是阳台宫众多浮雕中最具欣赏价值的艺术精品。20根八角石柱上，高浮雕盘龙丹凤、花鸟禽兽、高士羽人，以及民间故事苏武牧羊、龙抓王小、飞虎山、桃源洞、孝子图等，形象丰富生动，是明代精湛石刻艺术的代表。阳台宫浮雕内容都是中国古老的民间神话故事，而阁后西侧第一根廊柱上却雕有乌鸦与狐狸的故事。是《伊索寓言》很早就传入了中国，还是这个故事最初产生在我国，后流传到国外并被收入《伊索寓言》？这使人们传统的看法产生了动摇，引起了众多研究者一探究竟的兴趣。

阳台宫三清殿前有四株古柏和一株娑罗树，树龄均在千年以上。其中两株古柏状似云龙丹凤，被称为“龙柏”与“凤柏”。而更吸引人注意的则是道观里的这株佛门标志性树种娑罗树。阳台宫里的这株娑罗树据说是玉真公主亲自栽下的，至今仍枝繁叶茂。每年春夏之交，一串串穗状白花掩映在绿叶间，如千百白玉小塔，使庄严肃穆的道院显得生机盎然。佛门圣树在道观的千年繁茂，显示了自唐以来佛道交融的趋势。

阳台宫已历经了千余年的风雨，院内的历代碑刻，通通都记载着它的兴衰，讲述着它的历史，并延续着悠久的文化。

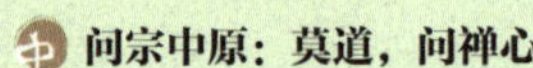

全真圣地延庆观

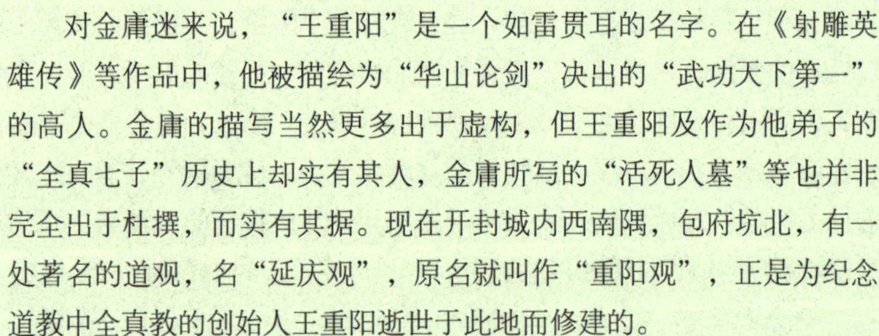

何　弘｜文

对金庸迷来说，“王重阳”是一个如雷贯耳的名字。在《射雕英雄传》等作品中，他被描绘为“华山论剑”决出的“武功天下第一”的高人。金庸的描写当然更多出于虚构，但王重阳及作为他弟子的“全真七子”历史上却实有其人，金庸所写的“活死人墓”等也并非完全出于杜撰，而实有其据。现在开封城内西南隅，包府坑北，有一处著名的道观，名“延庆观”，原名就叫作“重阳观”，正是为纪念道教中全真教的创始人王重阳逝世于此地而修建的。

王重阳本名王喆，因为喜欢陶渊明，改名“知明”。与陶渊明一样，他也喜爱菊花，因为菊花在重阳节开放，而取号“重阳子”。王重阳是陕西咸阳人，生于宋政和二年（公元1112年），卒于金大定十年（公元1170年）。他生逢乱世，其时宋室南渡，大片北方领土沦陷于金人之手，民族矛盾异常尖锐，战乱频繁不断。史载，王重阳能文擅武，是“文武双进（士）”，美须髯，形质魁伟，任气好侠。作为宋朝遗民，他对金人残暴的民族压迫强烈不满，于是自称得道，佯狂垢淤，在终南山南时村掘地为穴，封土高数尺，居于其中，号“活死人墓”，以此表示对金人统治的愤懑和不合作。后他赴山东宁海等地传教，创立全真教。

王重阳在道教史上的最大贡献是倡导“三教平等”，融道、儒、佛家思想于一炉，成为道教中兴的关键人物。他教授的马钰、谭处端、刘处玄、丘处机、王处一、郝大通及孙不二夫妇等七位弟子，号“全真七子”，其中以长春真人丘处机最有名。金大定九年，他率丘处机等四弟子西归终南，途经开封，住在今延庆观所在地的一家王氏

【作者简介】

何弘，河南新野人。中国作协会员。河南省作协副主席，河南省文学院院长，河南省文艺评论家协会副主席。

旅店内，次年无疾而终，享年58岁。王重阳有千余篇诗词传于后世，其中有首诗作于他去世五年前，即金大定五年，他在其中预言自己“寿命不过五十八”，结果还真应验了。

为纪念他，后人在其逝世地建了一座重阳观，成为在此地修建道教宫观数百年兴衰史的开端。金末，重阳观已毁。元太宗五年（公元1233年），全真教徒受丘处机遗命，重修重阳观，历时30年，规模宏伟，殿宇壮丽，元帝赐名“大朝元万寿宫”。元末又毁于兵火，仅存斋堂一座。明洪武元年（1373年）部分修复，更名“延庆观”。

如今，延庆观内原有建筑大都已被毁坏，现存玉皇阁一座。玉皇阁又名“通明阁”，系观内原存斋堂，因屡遭水患，基部淤没地下三米多深，后经挖掘整修，恢复了原貌。玉皇阁坐北向南，建筑共三层，通高18.25米，全用青砖、琉璃构件仿木建造，不施梁架，颇似一座蒙古包，结构严谨，富于变化，内供明代真武铜像一尊。玉皇阁下层为方形，四坡顶，室内下方上圆，四角砌出密集斗拱，顶似蒙古包；中层呈棱状，八角实心，八面壁体上附加相互连接的八座悬山式建筑山面，均设鸱吻垂兽；上层为八角楼阁，外设琉璃栏杆，南北各辟一门，内供汉白玉雕玉皇大帝座像及左右侍臣。阁顶作攒尖式，上盖脊饰犹存蒙古骑士形象，琉璃瓦顶上施铜质火焰玉珠，结构奇特，色彩绚丽。整个建筑是蒙古包与楼阁的巧妙结合，造型奇特，色彩绚丽，国内罕见。

延庆观本来规模宏大，号称“广袤七里”，是全国三大名观之一，现在占地却不到四亩。但在开封城，能历近千年而在地面上留下来，已经是个不折不扣的奇迹了。想一想，《清明上河图》只表现了一角的大宋京都现在哪里去了？在开封城下，埋着几座开封古城？这是个“城摞城”的城市，昔日的皇宫王府都被深埋在了地下，而延庆观能在地面上留下一部分，已不知是幸运还是奇迹了！新中国成立之后，延庆观经多次维修，逐步恢复一些殿堂。按规划，延庆观将筹资扩到17亩，重建重阳殿、丘（处机）殿等，现已建成的有三清殿、配殿等。等重建完成，昔日全国名观的风采将重现在世人眼前。

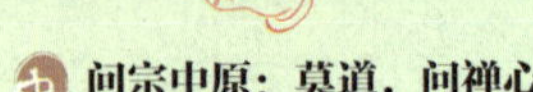

月照三清观

拾花女人 | 文

曲径通幽处

月亮贴着三清观屋脊走过的时候，我看到整座山都浸润在一片莲花般洁白的光晕里，静穆而安详。整个山顶似乎被一把拂尘细细地拭过，清净得只剩下了风的呼吸和鸟儿的梦呓。

也许是沉溺在尘网里太久了，心一直被一些杂乱的俗务纠缠着，走不出困惑喧嗓的雾障，找不到那盏久违的月轮。因此，许多时候，我常常揣了寂寞，独自躲进这座久负盛名的苏门山，站在山顶最高的啸台向四周眺望，期望在那些古柏苍松、楼阁亭台以及远处苍茫的田野间，给灵魂觅一个清静的去处，而这样的次数多了，便发现了那座道观。

其实，一开始，我并不知道那是一座道观。最初看到那些在绿林掩映中飘摇的旌旗时，感觉颇有点像武侠小说里描写的山头翻飞的令旗，便萌生了好奇或者神秘，但终究没想弄明白。直至一位朋友说那是三清观时，我才在心中隐隐地记下了那个位置及其带了些禅意的名字，再后来每每上山，总不免朝那个方向望一阵子。这样的时候多了，便有了探访的想法，但终究没有适合的时间，或者说合适的心境。而现在，远离山下的灯火明灭，登上啸台，感受山上的清幽静谧，看一轮明月自古亭的檐角斜来，心境竟是如此空明，蓦地想起三清观——那个我望了无数次的地方，该是怎样的一番情景呢？缘起缘聚，今夜，与月为伴，我向观门而去。

从啸台去往三清观的路有两条，一条是柏叶积满的林间小路，一条是花木相挟的青石板路。而此时的苏门山，正是迎春花芬芳飘逸的季节，映着朦胧的月色，可以看到幽暗泛黄的花藤正一簇簇一条条地拥

【作者简介】

拾花女人，自号“苏门居士”。河南省作协会员，省诗词学会会员，著有散文集《梦里花开》。

在干净的石道两边，弯弯曲曲、芳香幽长地向前延伸。花的清香细细地穿过石道、绕过青林，淡淡而来，淡淡而去，这时，不管走哪一条，都会给人一份清幽、恬适的诗意。先择一段林间小路蜿蜒而行，听柏叶被踏响的沙沙声，想象叶落的沉香，心上开始漫生禅的味道；而后沿着青石板路徐行，听鞋跟轻敲石板的嗒嗒声穿过弥漫的月色，那古道，那枯藤，那西风瘦马、老树昏鸦的意境，和着月光的气息，一下子从记忆深处蹿出，越发让心绪生发出古老而悠长的感喟，只是隐去了凄凉的叹息，而多了些恬淡的惬意。

明月在天，人影在道，相对无语却形声相惜。两座搁置在小径中的石亭，似乎洞悉此种性情，风姿也格外简朴典雅，颇有一番古韵。斜倚亭中石几，任风林婆娑相拥，任鸟虫唧唧相鸣，充盈耳畔心间的则都是透彻的清凉，陶然其间，迷醉其间，便越发想象那三清观应该是何等景观，竟然人还未到，却先幽了心肠。而事实上，当脚步循着三清观的影子，开始踏响一径石声风鸣时，心便早已清净得只有一片空灵了。

青石无梁殿

斜向三清观的后门，围起一道高高的石墙，石墙外面是一条清幽的碎石小径，清清净净地在月下泛着清幽的白光。走过那段白光，推开虚掩的木门，直接就到了三清观的后院，这里是观中最高的一重殿阁——无梁殿。

在中国，遍布各地的道教殿堂多称为“三清观”，因此苏门山上有三清观也并不足为奇。这个三清观却有一奇，那就是三清观内的“无梁殿”。

无梁殿，在中国古代建筑史上可谓一朵奇葩，它构筑方法独特、抗灾性强，融力学、建筑学、美学为一体，真正体现了我国古代劳动人民的卓越智慧。目前，国内规模较大、保存相对完整、享有盛名的无梁殿有苏州开元寺无梁殿，纯为磨砖嵌缝纵横拱券结构；南京紫金山无梁殿，石砖结构；无锡保安寺无梁殿，殿通体砖砌，砖石拱券结构；句容隆昌寺无梁殿，梁、栋、窗、瓦等均为铜铸而成；等等。而在中原地区，百泉凤凰山上的三清观无梁殿，则全部以青石砌筑，结构严谨，浑为一体。中国著名建筑专家祁英涛先生看过无梁殿后，感慨地说：“中原地区无梁殿规模最大的是望京楼（在卫辉市），但比较配套、内涵丰富、保存完整的，乃百泉玉皇殿也。”

三清观，又称“王母庙”，建于明隆庆元年（公元1567年），位于苏门山西侧山坳中，由三元殿、三官殿、祖师殿、三清殿、玄武殿、关圣殿、王母殿等组成，为豫北地区最大的道教建筑群。

百泉的园林建筑，在建筑体系上保留了中国古代建筑一脉相承的传统风格。如卫源庙，在总体布局上强调了中轴线与均衡对称，清辉殿居中，山门、拜亭、寝殿在其前后依次排列，两侧则有钟鼓楼、配殿（现已不存）等。而三清观无梁殿则是百泉园林建筑里的一大珍奇景观，纯青石结构，不用一梁一木，殿宇顶部青石交叉叠塞，错落有致，结构牢固，别具特色，是河南仅存的石室建筑。

许是因了石质结构，一走进殿内，顿感凉意森森。烛火的油光映在清凉的石壁上，更显得幽意深深。殿内是嘉靖年间的石雕供桌，由于年代久远早已发黑。这无梁殿的确是没有一根梁柱，顶层全用石块垒叠在一起，三角交错搭建，层层相扣，叠叠相压。藻井越来越高远，越来越狭小，直至最顶层，想来应该有什么寓意的，那是引导修行之士得道的天经吗？

花道夜生幽

三清观院内面积不大，看上去有一千多平方米，但甬道两旁以及每一个角落都种植了花草树木，如一个布满禅意的花房，各自招摇又相依而生，各自独立又相互映衬。这里杂植了几十种稀有植物，剑麻、紫荆、连翘、蜡梅、丁香、海桐等，足可以称得上是一个小小生态园。

若是白天，走在青砖铺成的甬道上，满园定是青翠逼眼、花香沁心、蜂蝶引路、鸟鸣其间。那摇曳生情的竹子，那淡芳清逸

的丁香，那挺拔兀立的海桐，那紫花密匝的藤萝，它们或花叶交映，或盘根错节，或浓绿漫垂，那会是如何一个适意的世界呢？而现在是晚上，虽然只见些模糊的轮廓，但月华照在木架花藤上，淡淡的光影，淡淡的芬芳，却也别生出一番清幽的意境。木架下面是几只青石桌凳，花影斑驳，花香隐约，打坐其下，或品茗思远，或闭目听经，任山风起伏抑扬、自来自去，即使不是僧人，也会生出禅心。

越过玉皇殿，有一方天池，池内碧水清波，几片睡莲卧在水上，煞是惬意。池上有一青石拱桥，名曰“天桥”，也是石筑结构。石桥横跨水上，水中倒影的巧妙情状让人联想起“长虹卧波”的意境。站立桥上，看月亮御水而行，银色的光华罩在几片荷叶上熠熠闪光，桥月相映，心底突然生了一种朱自清笔下月色荷塘的淡雅朦胧的情味，想起了那田田碧荷叶脉交错相接的空净致远，便不由得感叹，在这道门净地，有这样一方清塘洗心，即使无莲，也会让缠结的烦恼化为清凉的花朵。何况这样的景致真的是清雅透了，就感觉那些潜伏的块垒一下都被它消融了，这时突然觉知自己的心被整个虚空占满了，清净无比。

月是明亮的月，风是清爽的风，花是淡淡的花，于是心生几句闲诗：“莲卧水中月，清风华满枝。心于清波里，泛作无量词。”情随境移，心越发见得清凉了，就像这水中的月亮，自然而来，自然而去，没承想过任何的理由；亦如这花间的清风，就这么轻轻地吹着，没有颜色和内容，没有牵挂没有羁绊；亦如这荷塘的花，就那样静静地醒来，悄悄地睡去，不用担心被染上斑斓的色调，不用害怕惹出许多闲情杂话。那些不知名的小虫在墙角的草丛里唱着禅歌，那些琐碎的花草在清幽的夜色里做着仙梦，三清观，真的是一个清净无尘的去处吗？

然而，从古至今有谁能抛弃红尘，留住那轮清净的月呢？这花房清池，果真能洗净人心灵的污垢吗？即使能够洗净，那得需要多长时间啊？倘若真有洗净的时候，为什么红尘里还有那诸番世俗纷纷扰扰？当三清观那美丽的花儿绽放的时候，那些纷至沓来的脚步，徘徊在每一簇花香前面，繁杂的心刹那间或许会被净化得一尘不染，清灵得如同晨曦花朵上的露珠，而一旦露珠坠进一池霉变污浊的湖水，它还能拥有干净的自己吗？

然而现在，我不想尘世。沉浸在这样一片从未有过的清明里，任一轮没有任何染尘的光辉荡涤积垢的心灵，让清凉舒缓地注入干涸的心床，就像这三清观内独守寂寞的花草，花开花落，不因春来而喜，不因秋去而悲，得一番清净天地给自己，拥一份清幽芬芳给自然，谁还能让它染上尘埃呢？

看来芸芸众生，真正能够做到清净自在的并不在于外物，而在于内里的自净。人如果能够做到心里没有污物臭渣，做到“不以物喜，不以己悲”，尘埃与烦恼自然不会亲近你。

谁驾仙鹤来

踏桥而过，曲径通幽，南行几十步是放鹤亭，亭顶雕梁画栋，自成典雅；厅内一石桌，四石凳，两侧端立两只白鹤，玄衣白袍，迎着月光昂首向东，原本就有的仙风道骨，此刻更是神韵毕现。

鹤是古代人民无比尊崇的一种动物，它象征着圣洁、清雅、长寿，给人们留下深远的影响。鹤性情高雅，形态美丽，素以喙、颈、腿“三长”著称，直立时可达一米多高，看起来颇具仙风道骨，它跟仙、道和人的精神品格有密切的关系。另外，鹤雌雄相随，步行规矩，情笃而不淫，具有很高的德行。因此，古人多用翩翩然有君子之风的白鹤，比喻具有高尚品德的贤能之士，把修身洁行而有时誉的人称为“鹤鸣之士”。在道教中，鹤被视为出世之物，常为仙人所骑，修道之人以鹤为伴，得道之士骑鹤往返，显然，鹤是被作为文化现象的一种延伸意，是才人高士高情远志的象征。这样也就明白了为什么唐代诗人杜牧会“腰缠十万贯，骑鹤上扬州”，而北宋高士林逋终生不娶，却要“以鹤为子”，而此亭以“放鹤”命名的寓意也就不言而喻了。

于放鹤亭内兀坐，看几缕月光移过石桌、鹤羽，想那青山绿林、白云飘逸的意境岂是身陷尘埃里的俗人所能领悟？那么，在这清幽的道观，谁是驾鹤之人？

据说明嘉靖四十四年（公元1565年），一个叫吴秋的道士，

踏着一径斜阳，循着孙登的啸声踏上了这座苏门山。从此，这里就有了诵经的声音，这千古啸台便多了一个净心的去处。而那吴秋，从何处来？又为何落足于这凤凰山上？他是那位骑白鹤而来的真人吗？他在这山清水秀的地方建观修道，果真是无求吗？他又为何无求？

而在这个世界上，有谁能够做到无求呢？除非死亡。当一个人大脑死亡或心跳停止，他便真的无欲无求了；只要人活着，只要正常，欲望总是无限制的。人从生下来的那一天开始，就沉迷在欲望中，比如饥饿状态下他会自发去寻觅食物，这种与生俱来的欲望是不可改变的。人是如此，地球所有的生物也都是这样的，比如对于植物的生长欲望，如果没有人类的控制，它将会埋没我们的家园等。在生命存在的每一天里，要真正做到无欲无求，是不可能实现的。

人生是个永不谢幕的舞台，在这个舞台上，每个人都在上演着自己的戏码，也都在收束着自己的悲剧或喜剧。所谓人生无常，无意中便注定了人的宿命；而所谓宿命，并非天意，大多数情况下也是人之所为。因此，关于吴秋，关于无求，关于三清观，欲揭开其中的纠结，还需从一个被易中天视作“混蛋”的皇帝说起。

无为在歧路

在16世纪的英国，以荒淫残暴而著称的亨利八世有六位王后，但她们命运悲惨：两人掉了脑袋，两人被抛弃，一人因难产而死，只有一人勉强保住了凤冠。而差不多在同时期的中国，也有这样一位以孤傲自负、冷酷残暴而著称的皇帝——明世宗嘉靖皇帝朱厚熜。当年清官海瑞骂皇帝，骂的就是这一位。

朱厚熜初承大统时，对国事尚有所作为，除采取了历代新君例行的大赦、蠲免、减贡、赈灾等措施外，还扭转了正统以来形成的内监擅权、败坏朝纲的局面，并曾下令清理庄田，“不问皇亲势要，凡系冒滥请乞及额外多占者悉还之于民”等。

但是他迷信于炼丹，以求长生不老药。为了炼得真丹，求得长生不老，他八方求士，想尽一切办法。有方士说未经历人事的宫女的月经可保长生不老，因此大量征召十三四岁宫女，并命方士利用她们的处女月信来制丹药。另外，为保持宫女的洁净，宫女们不得进食，而只能吃桑、饮露水。所以，被征召的宫女们都不堪苦痛，以杨金英为首决定起义。她们趁嘉靖帝熟睡之时，打算用麻绳将他勒毙。谁知在慌乱之下，宫女们将麻绳打成死结，结果只是将嘉靖帝吓昏了，而未有毙命。其中一个胆小的宫女因害怕，报告给皇后。皇后赶到，将宫女们制服，并下令斩首，而且，连当时服侍嘉靖帝的端妃，也一并斩首。

“壬寅宫变”幸得未死，朱厚熜被吓得失魂落魄，躲在西苑，一心炼丹，迷信几个道士的邪说，养生修道，二十余年不敢回大内，置朝政于不顾，使贪赃枉法的首辅严嵩横行乱政二十余年，形成北方蒙古侵扰不断、有识的官员不能为国出力甚至惨遭屠戮的政治局面。

嘉靖二十九年（公元1550年），鞑靼部俺答汗率军长驱直入北京郊区，烧杀抢掠数日，满意而去，国家形势越来越危急。然而嘉靖皇帝由于长期服用丹药，不光身体越来越差，而且脾气也越来越坏，许多大臣动辄被杀头或廷杖，人人自危。为了修炼，他兴建大量宫殿庙宇，加重百姓的负担，使得国家财政危机愈加深重。嘉靖四十五年十二月，这位醮斋皇帝走完了他的人生道路，将皇位传给了他的第三个儿子裕王朱载垕。这位“混蛋”皇帝生前有四位皇后，但正如世人所说“世宗后，不善终”，其中三位没有好结局：陈皇后被他踢死，张皇后囚死冷宫，方皇后最终葬身火海。

嘉庆皇帝一生共有八子五女，而那个叫吴秋的开山道士，据说就是嘉靖皇帝一妃子所生。

在没有出世之前，吴秋身为皇子，看惯了宫中争权夺利、钩心斗角的政事，那个不务正业、凶残无常的父亲让他惶恐不安，大明江山的未来更让他满怀失望，于是，他抛却宫中的荣华、皇室贵胄的尊荣，只身逃出深宫，隐姓埋名，化装为道士，起名“吴秋”。“吴秋”者，无求也。这位自称“吴秋”的皇家子弟，匿迹于草野，在遍览了山水风光之后，最后来到苏门山下，选择了凤凰山这一僻静之处，建起了这三清观。

建观时，他对工匠言道：“求牢固，求永久，不被强人眼红。”从此，这凤凰山上便晨钟暮鼓、香烟袅袅了；从此，吴秋在这里青灯黄卷，潜心修道，善济众生，度过了他逍遥无求的余生，直至得道升天……

三清观道尊

三清静如是，月色照清逸；风来无杂绪，人行有幽思。漫步在三清观的小院里，感喟世道沧桑、春花秋月般的往事，想象在林木葱茏、荆棘满地处，一位皇家子弟默默在这远离京城的地方，如闲云野鹤般游走于尘世之外，天下几人能知？是观前那楷草篆隶济济一堂、文化味道厚重的长长碑廊吗？是那凤凰腾飞扇起的巨大翅膀吗？是那山脊上有碎石铺就的山路吗？是那掩映在茂密的翠柏林间的石墙吗？

隔着月色，突然想起“山光悦鸟性，潭影空人心。万籁此俱寂，但余钟磬音”的诗句，便不由得深思其隐含的清净、宁静、安详、和平的意境，是否也隐含了道的机理："道生一。一生二。二生三。三生万物。万物负阴而抱阳。冲气以为和"；"视之不见名曰夷。听之不闻名曰希。抟之不得名曰微。此三者不可致诘，故混而为一"。而置于众生之间，有多少相冲能致和，有几人能做到混而为一？

三清，这道教体系中地位最高的三位尊神（玉清——元始天尊，上清——灵宝天尊，太清——道德天尊），你们端坐在这清静无为之地，纵观了诸多人间沧桑，看透这红尘机理了吗？你们被那些虔诚的信徒置在神龛上跪拜了几千年，可为什么尘世还有那么多龌龊的欲望剧烈诞生？道德天尊，你幻想着"邻国相望，鸡犬之声相闻，民至老死不相往来"，主张"无为而治"，你的学说被一代代的人诵读，而真正进入你道境中的人又有多少呢？而天下若真的能够达到"无为而治"，还要不要保留并敬仰你这三清观里的一席尊位呢？你们为何静坐无言，难道是用无声的语言告诉这些凡尘俗子，一切皆于心悟吗？

然而，我还是依稀听到一个声音自空蒙的天际不容置疑地传来："大道汜兮，其可左右。万物恃之以生而不辞，功成而不有。衣养万物而不为主，常无欲，可名于小；万物归焉而不为主，可名为大。以其终不自为大，故能成其大……"聆听智慧的声音，沉思万物皆有其道，就如这从容经行于天的明月，它安详而恬静地拂过暮霭里的苍生，苍生也得了它的恩惠而格外宁静温馨，哪里还会有诸多躁而不安的纠结呢？自然之道不可违，因而治之。

月光在夜阑里渐渐隐逸，我渐已不觉失去了自己，那满山的林木被月光纤长的手指揉捻成最洁净的声音，我似乎听到了那春潮般起伏的声音，听到了那秋雨般绵密的飒飒声，那是自然留给人类的和声……

寻访方城炼真宫

张正义 | 文

今年春节，我回到了阔别已久的老家河南方城。在亲友的陪同下，我别的什么地方也不去，专程游览了整修一新的方城炼真宫，感觉现在远比三十多年以前有看头了。

方城炼真宫位于方城县城北关滨河路北段，潘河西岸，前面是新修的北环大道，后边紧邻方城一中。据明成化十二年（公元1476年）《重修炼真宫记》碑文记载，此处是东汉光武帝刘秀的大姐湖阳公主刘黄出家修道炼真的地方。

也许是学习历史专业的缘故，我到旅游景点游览，在人文景观和自然景观的取舍中，第一位选择的是人文景观。我专喜欢选择那些历史文化底蕴深厚的景点探个究竟。在我的心目中，首选的总是那些实实在在的历史文化遗迹，而对小说、戏剧和民间传说发生地，我并不感兴趣。

提到湖阳公主，我第一个想到的，便是她的封地湖阳（今河南省唐河县湖阳镇），那里距离我的老家只有几十公里。同时，我也会想起那出脍炙人口的曲剧《洛阳令》，想起历史上那位刚直不阿、除暴安良的董宣和那位“不弃糟糠”的宋弘。

湖阳公主是光武帝刘秀的大姐，家庭的不幸最早都是由她来承担的；后

【作者简介】

张正义，河南方城人。

来，刘秀当了皇帝，凡事都要让着她，也在情理之中。

曲剧《洛阳令》毕竟只是戏曲演绎，不过，董宣的“强项令”称号和宋弘的“不弃糟糠”在正史上也是有明确记载的。

据《资治通鉴》卷四十三记载，东汉光武帝建武十九年（公元43年），光武帝刘秀的大姐湖阳公主家府中的一个男奴仆仗势杀人后，藏入主子家府，得到湖阳公主的袒护，官吏无法抓到他。有一天湖阳公主外出，那个男奴仆驾车。这事被洛阳令董宣得知，就定下计策，带领一班人等候在洛阳城北面西头门，趁机拦住车，当着湖阳公主的面，宣布那个奴仆杀人的罪状，随即将他斩杀。湖阳公主十分气恼，立即回宫向光武帝哭诉。光武帝大怒，召来董宣，要用木槌打死他。董宣毫不畏惧，叩头说：“请允许我说一句话再死不迟。”光武帝说：“你说什么？”董宣说：“陛下您圣明，希望中兴汉室，如果纵容奴才杀人，要怎样治理天下？我不需要被木槌打死，我要自行了断。”说完用头撞柱，血流满面。光武帝无言以对，只得放了董宣。然而湖阳公主不依不饶，光武帝下不了台，只得让董宣向湖阳公主叩头认错，董宣说什么也不从。光武帝就令黄门官强行按压他的头。董宣两手撑住地面，就是不肯叩头。湖阳公主对光武帝说：“你过去是一般老百姓，藏匿逃亡者，官吏不敢入门，如今你贵为天子，就不能将权威用在一个地方官员身上吗？”光武帝笑着说：“天子是不能与一般老百姓相提并论的。”光武帝没办法，只得训斥董宣：“强项令你出去吧！”就这样把董宣放走了。强项，即颈项强直不曲，这实际上是宣布了董宣无罪，且又给予赞美之词。事后，光武帝还发给董宣不少赏赐。董宣把赏赐都分给了下属。从此，洛阳城内的皇亲贵族再不敢横行不法了。

这些文字记载的董宣，名字前面所冠的“强项令”三个字，是皇帝给的，十分形象地突出董宣不畏权势、敢于执法的刚毅性格，使人如闻其声，如见其人。我们眼前似

乎也展现出一幅有趣的画面：上头坐着至高无上权威者汉光武帝；紧挨着坐的是皇帝的大姐湖阳公主，满面怒气；下面跪着董宣，他的双手撑住地面，旁边两个小黄门强行按捺他的头，他倔强地不肯低头。这是一场情与理、罪与罚、正义与邪恶的斗争。董宣在画面上位置最低，却是真正的胜利者。

湖阳公主倚仗皇族特权，公然包庇杀人犯，说明京城之内类似事件很多。董宣是地方官，职责是保一方平安，必须打击这股恶势力。湖阳公主是这股恶势力的后台人物，纵奴杀人是最典型的恶迹。董宣抓住这一典型事件，狠刹这股歪风邪气，可谓抓到点子上了。谁说老虎屁股摸不得？董宣偏要摸，两强相遇，勇者胜！

与湖阳公主有关的还有一件事。据《后汉书•宋弘传》记载，湖阳公主新婚后不久，丈夫就去世了。她丈夫叫什么名字？不得而知。因为史书上没有记载。当朝皇上刘秀看到大姐整天郁郁寡欢，便坐不住了，着意为她再物色一个好丈夫，就让她躲在朝廷的屏风后边偷相。眼光很高的湖阳公主遍览群臣，一眼就相中了大中大夫宋弘，对刘秀说："我看遍了群臣，就看中了宋弘。他的风度气质朝中其他大臣没有人能比得上！"令人遗憾的是宋弘已有妻室，但湖阳公主不嫌他有老婆，只要他和老婆"离婚"就行，因为虽然那时候允许一夫多妻，但一个尊贵的公主是绝对不能当小老婆的。为了让大姐得到如意郎君，刘秀不惜降尊纡贵，单独召见宋弘，劝说宋弘与老婆"离婚"。刘秀对宋弘说："有句俗话说得好，人高贵了就会忘掉旧友的交情，富有了就会想另娶妻子，这是人之常情啊。"宋弘马上听出当朝皇上的弦外之音，不卑不亢地说出了一番惊天动地、让后世许多有钱有势的男人都羞愧难当的一句话："臣听古人有言'贫贱之知不可忘，糟糠之妻不下堂'。"说完拂袖而去。

刘秀眼看自己这个月下老人做不成了，就转身向躲在屏风后边的湖阳公主说："这事儿看来是说不成了。" 这就是"不弃糟糠"典故的来源。"糟糠之妻"常用来比喻同甘苦、共患难的妻子。

湖阳公主听了宋弘的这一席话，一股羞辱感涌上心头，直抱怨老天的不公：为什么我贵为长公主，自己看中的人却不要我呢？气极之下，她决计了断红尘俗缘，来到方城炼真宫守真全节、出家修道了。身为一国之君的刘秀拦都拦不住，眼里充满了迷惘，你看，这人都是怎么了？宋弘啊，你真不识抬举，这么好的攀皇亲的机会你都不要；大姐啊，你怎么这样想不开，天下又不是只有宋弘一个好男人，我再找一个比他还强的不也行吗？干吗这样执拗呢？然而事实就是这样，湖阳公主不信命，却去信了"道"，把自己那颗喜欢一个男人的心和一个女人的"贞"永远地锁在了这里。随着湖阳公主孤影黄卷伴青灯出家修道炼真，人们渐渐淡忘了她那高傲、霸道、骄横跋扈的形象，更多地给予她的是对于她为了保存一份内心的真爱，找寻心灵的归宿，经历过尘世间太多坎坷与折磨的同情与惋惜。

之后的历史进程，又为方城炼真宫留下了许多与道教有关的历史遗迹。晋时，葛玄曾修道于此。明永乐年间，道教名师张三丰在此修炼，因不修边幅，号称"邋遢张"。小时候我经常听老家的大人们讲关于"邋遢张"的传说故事。炼真宫现存有仙人洞遗观，即为其当年修炼之处。1994年，方城炼真宫被正式批准为对外开放道观，整修有仙人洞阁楼、公主楼、斗姥阁、玉皇殿、三清殿等仿古建筑，碧瓦粉墙，飞檐斗拱，雕梁画栋，非常壮观，每逢农历初一、十五，游人香客甚众。

经过整修的方城炼真宫很符合道观建筑的一般布局。进山门后，沿中轴线从南到北依次为：钟鼓楼、灵官殿、三清殿、天爷殿、斗姥阁。

过三清殿，右侧有九龙石刻。过天爷殿后的静桥，便是斗姥阁，这里是炼真宫的主体建筑。斗姥阁上有三层楼，所以也被称为“公主楼”。从西边登上楼来，二楼大门两侧有对联写得很好，上联是“洒脱红尘入真境”，下联是“不恋富贵修善身”。殿内供奉主神为湖阳公主。

斗姥阁上有桥可直通东边的亭楼。亭楼门上匾额书有“仙人洞”三个大字。这里面供奉的是张三丰的父亲张昌和母亲林氏。楼下是洞型建筑，门柱上两副草联，怎么也读不出来，却让两个日本人看到了两个日文假名。洞内有张三丰的塑像，一看上去就是邋里邋遢的。

现在，炼真宫中轴线左右两侧开辟了很多新的殿宇。右边开辟了上八仙堂、中八仙堂、下八仙堂、包公殿和救苦殿；左边开辟了王母宫、奶奶殿和贞烈祠，男女信众都能够在这里找到心灵的归宿。

规模日益庞大的炼真宫里，善男信女络绎不绝，缕缕升腾的香烟、清脆悠扬的钟磬之声，使人进入其内如入仙境一般。男道士或是女道姑端坐在蒲团上，面无表情，心淡如水，来来往往、川流不息的人群只是他们眼中的一群俗物。也许，他们内心的情感因为尘世太多的坎坷和折磨，已经被抽干。也许，他们像近两千年前的湖阳公主一样，是为了保存一份内心的真爱，而不愿被俗世的浊流所玷污。高墙外的春色对他们来说，只不过是季节的自然变化而异。

曾经，与潘河咫尺之遥的炼真宫内，居住着一位秀丽端庄、高贵无比的湖阳公主，她用青灯黄卷的寂寞生活，压抑着内心对一个心仪男人的绵绵爱意。一个贵为公主的女

人宁愿把自己的一把青丝交与寂寞，而不愿再另嫁他人，一方面说明这个男人在她眼中无人可比，另一方面也说明她的万般痴情。

在如烟似雾的潘河岸边，寂寞的湖阳公主有时会从闭闷的炼真宫里走出来，坐在河边的某一块青石或柳树下回想往事，隐深的内心会时不时地闪现出那个男人的音容笑貌，就像她在打坐沉吟的时候，思想也往往会抛锚，会不由自主地想起那个男人一样。那袅袅升腾的青烟真是惹人万般烦恼！一个女人，特别是一个依然年轻的女人，怎么不渴望着自己喜欢的男人的关爱和倾心呢？然而湖阳公主这个不但身份高贵而且年轻貌美的女人就连这也得不到，可想而知，她的内心是多么失望和伤感啊！郁郁寡欢的她在炼真宫里寂寞了一生，那个男人兴许在她的心中也活了一生。这怎不让近两千年后的人们为她的这番情而深深叹惋呢。

湖阳公主是至情至性的，而那个男人的作为，更为后世的人们留下了一段千古佳话。湖阳公主的爱情故事充满了悲剧色彩。对湖阳公主，人们更多的是同情与婉惜；对宋弘，人们更多的是称赞与敬佩。如果这个故事放在今天，不要说有老婆，就是老婆美如天仙，也会有不少人要与结发妻子离婚而去娶大官的女儿或妹子的，何况是唯我独尊的人物的姐姐！攀上这样的亲戚，升官发财可以说都是小意思。而已成普遍现象的是，那些有了一点钱或是做了官的男人，有不少都会不安分，或是拈花惹草，或是弃结发之妻如弃敝屣，又去另寻新欢，留下了多少“从来只有新人笑，有谁听得旧人哭”的人生悲剧。一些有点姿色的年轻女子，也会禁不住金钱和权势的诱惑，心甘情愿地投入那些有钱或是有权男人的怀抱，哪怕身后是千夫所指、万人唾骂。与湖阳公主和宋弘相比，他们是何等不堪啊！

每年春天，端坐在炼真宫里的湖阳公主，还会时常想起她那让人爱又让人恨的心上人宋弘吗？她那幽怨的目光，还会时常眺望一下越发美丽的潘河吗？她那苦涩的内心，是否会时常轻声探询那些匆匆来去的香客：我的爱情观是否正确？但我想，姻缘虽然本是天定，但红尘也不过是青丝白发而已。湖阳公主，做过了就不要后悔，你的形象永远显示着清洁和高贵！

说来也奇怪，炼真宫也算是人家公主的闺房了，可是老道士就是爱去，葛仙来过，“邋遢张”来过……月白风清、秋虫唧唧的夜晚，常有情侣在此流连忘返、夜不归宿。不知公主看到她的风水宝地上的那些风花雪月之事后，会有何感想。

后来，这里一度成为县委党校的所在地。那时候人们并不知道曾有金枝玉叶在此扼腕长叹、暗自垂泪，不知道一位公主的香榻竟然离党校学员的木床那么近，因此也就没有想入非非和怜香惜玉的感叹了。要说区别，大殿门口常贴两副区别非常大的对联，并且对联是紧挨着的。道教贴“事在人为，休言万般都是命；境由心造，退后一步自然宽”。因为这个大殿还是党校的办公室，党校贴“高举马列主义伟大旗帜，推进繁荣富强宏伟事业”，这是何等的不协调呀！好在后来党校搬走了，这道风景也就不存在了，炼真宫最终归属了道教。

行走在春色依然迷人的潘河岸边，眺望宫檐高挑的炼真宫，想那为了一个自己喜欢的男人而自甘寂寞了一生的湖阳公主，是否知道她的爱情故事将会感动着一代代的后世之人，并被供奉在新修的高大巍峨的宫殿里，让人不住怀想？湖阳公主和宋弘虽然在遥远的汉代演绎了一场爱情悲剧，但湖阳公主的痴情和宋弘的刚直都值得我们这些后人好好敬仰和思量。

如果说过去你不知道方城炼真宫，那也不奇怪，这是因为过去国家对这么有价值的历史文物重视、宣传不够。现在，方城炼真宫被国家重视并加以保护，中国道教协会划拨巨资予以整修，已经很有看头。它正以开放的姿态欢迎你的到来！

人人心中一座观音山

秒速忆光年 | 文

惊蛰过后，气温回暖，万物复苏，沉睡了整个冬日的山花不知何时早已绽放枝头。是谁说少女怀春，又是谁言素怀春山？或是应了景，或本就是因缘巧合，春天，总是有着这般流动的唯美。

犹记得元月，借宿中佛寺。闭目在佛前，合十叩首，内心丝毫无波澜。听僧人夜诵梵文，铜铃和山风、烛泪和青灯、经卷和香炉，于内心都是一种淘洗。次日茫茫雪野只我一人，人与自然圆融一体，实乃醒悟。

见过那些名山古刹，内心便想拥抱一处桃源，远离钢筋水泥，远离虚伪做作，远离是非颠倒……是日，摒弃痴缠的梦呓，一行七人踏上了前往观音山的旅程。清晨6点的信阳城，那是老余曾偷听过的秘密，如今我们感同身受。

从沪陕高速入商城县境内向北行18公里到达河凤桥乡，此行的目的地观音山便盘踞于此。位于河南省最南、安徽省西南、湖北省东北方向的观音山，融人文景观和自然景观为一体。据说当年吴佩孚进攻武汉时途经此地，遥望观音山气势宏伟、香火旺盛，遂称若观音山保他凯旋，定将题匾送来。后吴佩孚占领武汉，制作“慈航普度”大匾，差人挂至云极观大门上方。自此无数高僧鸿儒、大心居士、十方道人来此驻足修炼，观音山道教进入鼎盛时期。每年的二月十九、六月十九、九月十九，这里都会举行大型庙会，周边县市数十万人前来拜谒。

【作者简介】

秒速忆光年，河南信阳人。自由职业者，摄影师。

观音山山体高峻，素有“拐杖山”之称。据《商城县志》载：“昔曾产铁，官榷之矣。”到唐时又称“官铁山”。据传，抗元将领余思铭也曾在此观阵布兵，所以当地群众又称其为“观阵山”。明朝宣德

年间，周围群众捐资建庙，内奉观音，始称“观音山”。

山脚下的养生堂是观音山接洽八方宾客之地，其建筑风格古朴凝重、庄严异常。门外一池碧波环绕假山，两侧六眼龙泉，引天池之水，集万物之灵，寓意润泽四方、普度众生。

按《道德经》之说：“人法地，地法天，天法道，道法自然。”初入此地，但见香客摩肩接踵，纷至沓来，山谷林间，香雾迷离，唱诵不绝，钟声悠扬。天人合一之圆融，顿由心生。

自养生堂而出，刘培对老黑说她想吃糖葫芦，只是一路上除却售卖香火纸钱的居士和虔诚的香客再无其他。哪知刘培岂是这么容易对付的主儿？不消片刻，一只手工扎制的草叶蝴蝶硬生生地撬开了老黑的钱包。那天中午，刘培为疲惫的老黑按了酸软的小腿，我们虽在一旁起哄，内心却被这丫头的一颗感恩之心打动。

观音山上建有较大规模的道教庙宇云极观。

清朝时，观音山寺庙已具备一定规模和影响，曾吸引三省数县人来此观光和敬拜。道教龙门派正宗第十二代弟子马阳启曾来此修炼传道，收观音山寺庙弟子燕来明为徒，香火日盛，先后建成了观音殿、东岳大殿和三清殿，有殿房五十余间。

我们沿路而行，自西门入，镂刻着“云极仙境”的匾额下，三姐妹矜持的笑容、曼妙的身段，惹得路人频频回头。总觉得那是个富有理想、敢于冒险的年龄，每个人都如

一段崭新的故事。静静说买两只葫芦回家，他一只，自己一只，是真心求来的，心诚就会灵。

西门内的那尊观音菩萨，据说是用南阳玉石雕凿而成的。菩萨低眉，慈悲六道，兰花指绕玉净瓶身，瓶中甘露度世间苦厄。在这里，入山的第一拜，人们显得无比虔诚。

顺着右侧的步梯直上，入生肖路，路旁翠竹掩映，十二生肖像按十二地支顺序向东排列。《尔雅•释天》中讲，“岁阴者，子、丑、寅、卯、辰、巳、午、未、申、酉、戌、亥”为月。同样，十二地支的顺序也蕴含着事物的发展变化过程。

行至生肖路的尽头见一处拱门，门内便是由云极观大门和二门合围成的院子。伫立在院落中央向南眺望，远处的丘陵上种满了当地的特产油茶，近处则是观音山的正门龙虎殿。院落之中，东侧有钟楼，西侧有鼓楼。古人说时间，白天与黑夜各不同，白天说钟，黑夜说鼓，故有“晨钟暮鼓”之说。楼门之上有中国书法家邱鹤鸣题写的对联，道出了云极观“功达九天”的含义：“直登云极三千丈，保佑善众百万家。” 碧空之下，苍鹰盘旋，信徒们扬起火纸面山而拜，场面蔚为壮观。

改革开放以后，随着党的宗教政策的贯彻落实、人民群众生活水平的日益提高，部分信众开始要求重修观音山云极观。1992年，云极观开始重修，历经十余年的建设，现有慈航殿、三清殿、三官殿、文昌殿、十王殿等大小殿房一百余间，供奉诸神塑像一百五十余尊。在重建过程中，收集到大明宣德年间的铜制香炉两只，被群众用作房瓢用的吴佩孚赠匾半幅，从少林寺庙拓印观音像一幅等珍贵文物，成为庙观宝藏。

碧霞宫与慈航殿之间有一株百年古杏。历来女子都是感性的尤物，她们将承载着愿望的红绳一头系上重物，抛向高大的树冠，以求菩萨庇佑。盘坐于愿望树下，刘培说她忽然想落发为尼，但见她双手合十，双眸微闭，一时间便入了禅定。在这个信仰缺失的年代，人唯有在自然之中方觉自身的渺小，褪去那张虚伪的面具，才活得更为纯粹。

慧慧告诉我一旁有石级可通往厢房，在石阶尽头的木门两侧贴着“来往赤诚心，逍遥白云外”的对子。我说，君子如水，道家无为，追求的是一种“无为而治”的境界。

佛法认为，修行离世便可从炼狱苦海中解脱。而立于现世、重建内心本就是一种苦修，这恰恰又应和了道教所讲的自我完善理念。

大宗教义所倡导之本义，归结起来皆是让人向善的。善乃人性之根本，是自然法。这又让我想起雅克•贝汉的《海洋》，传递的便是人与自然和谐相处的理念。

三条并行向上的石阶通往殿堂，各殿堂与厢房又有四个大小不等的院落。西侧的石阶通往东岳大殿，殿下左右分别供奉着掌管阴曹地狱的十殿阎罗。东侧的石阶则通往供有天、地、水三官的三官殿及供奉有元始、灵宝、道德三位天尊的三清殿。沿正中的石阶直上便是云极观的主殿慈航殿了。因是下午时分，恰逢殿内有信众还愿打醮，一时间钟鼓齐鸣，道长持颂，让人顿生肃穆之感。

慈航殿内雕梁画栋，木格亮窗，飞檐翘角，龙飞凤舞，金碧辉煌。那些飘落在缝隙间的尘埃，随风浮游在微暖的光斑中。我以指尖轻触，想开启藏于它眼中的世界，问它何以这般逍遥。

殿前，商家兜售着货物，往来游客络绎不绝。女孩们挑选着心仪的物件，她们要将这福祉传送给家人朋友，虽非金银般厚重，

但情谊却比天高。

夕阳的柔光倾泻在慧慧的侧脸，她哼起齐秦的《外面的世界》：“每当夕阳西下的时候，我总是在这里盼望你……”她的眼神一直是那么忧郁，柔软得像一片羽毛。这些年我们一直在找寻，以为外面的世界一定承载着大大的梦想，无数次碰壁，无数次追问自己当初的每一步是否正确。我们渐渐地开始不再相信，但内心却还有万分不甘。我们说信仰无价，其实并不是封建，只是暂时把自己弄丢了。

静静的虔诚、刘培的善良、慧慧的纯粹、张丹的灵巧……一路上老黑扛着重约十斤的器材，终是将这一切定格成永恒。或许很多年后，我们都会为这份灵魂的回归而落泪，因着一份虔诚，重筑内心。

自山上下来回到宾馆时，天色已晚，餐前我们有幸参观了位于养生堂三楼的观音山文物展览馆。馆内各厅分别藏有奇石、铜镜、茶壶、砚台及各种收藏品数百件，上至商周，下至明清，有着深厚的历史沉淀。

晚饭过后大家聚在宿舍，倾诉着各自的故事。其实，大家都累了，只是为了敬上农历二月十九日的头炷香，彼此都不肯睡去，倒下去便是一场无梦的酣眠。

11点，在老贾的召集下，带着意犹未尽的家长里短，大家出发向云极观出发。皎洁的月色、璀璨的星斗、微凉的山风让这个夜显得颇具诗意。走在曲径通幽的山路上，途中有山民香客修筑的观音和佛祖塑像，下有断烛蜡泪，载无量虔诚。“诸恶莫做，常施善果”时刻警醒世人。

那夜，没有烧香，没有礼佛，我一个人坐在钟鼓楼间的石阶上发呆。老黑和刘培在拍烟花，老贾去大殿请愿，张丹约了慈航殿的于道长，慧慧和静静结伴去买小饰品了。此刻，幽蓝的天幕下独对寒空，有很多话噎在喉咙间，不知如何去讲，更不知该对谁讲，那些积蓄了许久的爱，也只好藏于内心的深处就此尘封。这些年来我时常反观所做之事，到底存有多少孽障，到底又积了多少善根。不是每一段缘分都会鲜活如初的，相爱，在一起，应该是对的。

凌晨的山路上，支起脚架拍摄逆光的树影，某个瞬间似乎风撩拨了云幕，星辉下像极了金黄的流苏。明月满空山，兆载永劫，何不留我在此独歇?

辞行之前，我去了后山的一座废弃小房，站在断崖的顶端面对着苍茫平原，想到电影《观音山》里黑暗的隧道和刺目的光，突然就明白了常月琴：生活始终是在继续的，并在裂缝和擦除的过程中矛盾对立，人不应该永远孤独，美好的东西往往也是无法预见的。在历经种种之后，我想，每一个人的心中都将会有一座观音山。

寻找玄妙观

南阳风云客｜文

据《南阳府志》记载，南阳玄妙观建于元世祖至元年间，是在南阳县老君堂的基础上兴建的，距今已有七百多年历史。“玄妙观”之名取老子《道德经》“玄之又玄，众妙之门”之语。“玄妙”二字的意思是“幽深谓之玄，理微谓之妙”。

到了明朝，南阳玄妙观有所发展。明洪武十五年（公元1382年），设立道教管理机构：府设道纪司，置道纪、副道纪各一员；州设道正司，置道正一员；县设道会司，置道会一员。南阳府道纪司常设于玄妙观，由方丈担任道纪。

由于明代的权贵们崇奉道教，营建或重修宫观的风气浓厚，南阳玄妙观也得以重修。经洪武四年（公元1371年）增建、正统二年（公元1437年）扩建，嘉靖、万历年间增修，南阳玄妙观逐渐成为豫西南著名的道教活动中心，并成为全国一大丛林。

清康熙年间，为避清圣祖玄烨讳，改玄妙观为“元妙观”。乾隆、咸丰等年间屡有增葺，并逐步达到玄妙观的鼎盛时期，成为全国道教“四大丛林”之一。

玄妙观鼎盛时期的主要建筑，沿中轴线前后依次是无梁殿、“惠浃中州”牌楼、山门、四神殿、三清殿、玉皇殿、祖师殿、斗姥阁。左边依次是灵官殿、太公殿、三官殿、韩祖殿；东偏院内依次是十方堂、武侯祠、藏经阁、吕祖殿、泥牛古迹、桑麻轩。右边依次是城隍殿、七真殿、五老殿、张祖殿；西偏院内依次是大斋堂、大厨房院、功德阁、道院。除此之外，还有园林建筑西北园，1923年增建另一处园林宛南公园。

【作者简介】

南阳风云客，河南南阳人。近百年南阳地方文献的关注者。现居北京。

到了民国后期，南阳玄妙观开始破败。特别是抗日战争期间，日军炸毁了无梁殿、“惠浃中州”牌楼、宛南公园、西北园，斗姥阁也毁于兵火。新中国成立后，南阳玄妙观一直是南阳县政府、县委的所在地；1994年，南阳县撤县设区，南阳玄妙观成了宛城区委、区政府所在地。

一

冬日里一个晴朗的午后。这样的天气是特别适合访古的，清冷的空气带着一点肃杀，金黄的夕阳给所有建筑都涂上了一层历史的色彩。站在玄妙观曾经的山门所在地——城区建设路宛城区委、区政府门前，我努力感知这座道观残存的气息。

三百多年前，这里应该是异常繁华的。车水马龙，香火鼎盛，善男信女熙熙攘攘。穿过无梁殿，穿过有慈禧题写“惠浃中州”匾额的牌楼，才能到达玄妙观的正门——山门。山门上明藩唐成王所题的“玄妙观”三个金色大字熠熠生辉，门内塑有威风凛凛的神荼、郁垒二神将守护着道观。

那时的玄妙观何其辉煌！观内有殿宇房舍三百多间、神像七十余尊、道士二百余人，建筑占地一百五十多亩，香火地近八千亩，是全国道教“四大丛林”之一，与北京白云观、济南长清观、西安八仙庵齐名。整个道观规模宏大、结构严谨、建筑精美，观内石刻林立、古柏参天、曲径通幽。

彼时的玄妙观，不仅是道教信徒心目中的圣地，还颇受清朝皇室的青睐。雍正八年（公元1730年），观内建斗姥阁，雍正颁木雕斗姥像，并御笔题写“慈云法雨”匾悬于阁上。同治年间，当朝皇帝为了表彰玄妙观道人协助南阳知府打退捻军的功绩，特御赐《道藏》一部，这部书是汇集所有道教典籍的大丛书，共512函、5485卷，与《四库全书》《大藏经》同为中华文化遗产的巨大宝库。道光二十六年（公元1846年)，慈禧的父亲任南阳通判，年仅8岁的慈禧曾跟随父

亲在南阳住过两年，在此期间，她时常去玄妙观游玩。在她成为“老佛爷”之后，还不忘昔日的情分，为玄妙观亲笔题写“惠浃中州”“全真广学”两块匾额，一块挂在牌楼上，一块悬于藏经阁内。《清康熙通志》上的一句话概括了玄妙观当年的盛况：“园亭之盛，甲于一郡，黄冠行住，动辄数百人，为京师西南道观之最。”

历史的车轮滚滚向前，政权更迭，外敌入侵，金戈铁马……硝烟和炮火中，这座有着七百多年历史的道家园林，雄伟壮观的身姿逐渐模糊，仙风道骨被湮没在岁月的红尘中……

二

2007年12月，我站在玄妙观的“山门”前。这里还是一片繁华，只是香客的车马已经变成疾驰的汽车，偌大的玄妙观已成为一届人民政府所在地。从供奉神灵的道观，到为民服务的政府，历史的巨手完成了一次毫无关联的转换。

再普通不过的大门，四四方方的办公楼。玄妙观在哪里？我丝毫看不到她的影子，却又仿佛听到她微弱的叹息。

充耳不闻周遭现代的噪声，我屏住气息，努力寻找玄妙观的一点一滴。进大门，左转，再右转……是了，一定是这里！三间屋顶相连的高大砖房跃入眼帘，古香古色，造型独特。屋顶如波浪起伏，线条流畅，别具匠心。

《南阳玄妙观全图》中注明，这里是大斋堂，过去是玄妙观道士的伙房。如今，房屋的外观基本保持原貌，内里已是面目全非。似乎是沿用过去的功能，这里成了职工食堂，被红砖砌成了若干间。

伙房，在一座建筑群里的地位应该十

分低微。正因其低微，我反被震撼。且不说外观的高大别致，内里房梁全部是齐整的粗木，房内屋顶竟然还有雕刻精美的斗拱。若不是事先了解，定以为这里是一座高大的庙宇。

大斋堂进门的地面上，铺砌着几块宽大的青石。俯下身细看，青石上隐约可辨“山泉书”等字样，字迹潇洒雄健，颇有功力。看来这曾经是一块石碑。历史，就这样被踩在了脚下。

自大斋堂往北，最醒目的建筑当数三清殿。远远地就能看到高挑的飞檐从一处院落伸展出来，周遭已成合围之势的现代建筑也掩饰不住她的张扬。过去三清殿敬的是三清诸神，三清是道教最高神，即玉清元始天尊、上清灵宝天尊、太清道德天尊。走进院落却发现，三清殿能看到的，也只剩这个残喘的屋顶了。她所有的骨骼、血肉都被剔除，再加以现代的包装，成为宛城区委的小礼堂。

还有几处能够清晰辨认出的建筑是玉皇殿、太公殿、三官殿和韩祖殿，都在三清殿的背后。如今，这些大殿要么成了办公室，要么成了家属住房，只能从外观上想象出它们昔日的风貌。

在区委、区政府大院的最后一个院落里，几块精美的石碑落寞地躺在树下。一块立体雕塑的功德碑碑帽上，两条蟠龙张牙舞爪，呼之欲出，不知是哪位大家富豪为玄妙观募捐后所刻。还有两块青石石碑，字迹清晰可辨，一块刻有“祖师开山心法，一戒……二戒……”字样，大概是一块教化民众的警示碑；另一块则有“发逆围攻郡城半月余同埠官绅■力守御解围■劝谕四■修筑外郭……”字样，令人联想到历史上李自成攻打南阳的惨烈战役。据史载，明崇祯十四年（公元1641年）、十五年，李自成两次攻打南阳，由于官兵顽强抵抗，战斗异常惨烈，战后南阳城内生灵涂炭、死尸遍地。此后，六十多名玄妙观道士将各处尸骨收集

起来，在如今的市人民公园西北角挖掘了一个巨大的墓穴，掩埋尸骨，超度亡灵。可以说，玄妙观和南阳历史上的重大事件是息息相关的，她不仅见证了南阳的历史，更是南阳历史进程的参与者。

在斗姥阁毁于日寇的兵火后，藏经阁就成为了玄妙观的“最高建筑”。在《南阳玄妙观全图》中，她位于玄妙观的东北角。我循着路人的指引，出宛城区委大门向东，在一百多米外的小巷里寻找藏经阁的踪迹。第一个家属院进去问，不是；第二个再问，还在前面……不知走了多久，就在我以为已经错过藏经阁的时候，一座古建筑在家属楼的重重包围中露出峥嵘一角。

这就是为收藏御赐《道藏》而建的藏经阁。资料上说，藏经阁“分上下两层，为悬山式建筑。阁下前面起房坡，坡檐伸出两侧山墙外并挑起翼角，檐下是斗拱七攒，十分壮观。阁上屋顶是七檩悬山，且有脊兽……”

如今的藏经阁早已不是收藏国宝的清静之地。如同一棵沧桑的大树，周围被各种各样疯长的临时建筑攀附着，几乎看不出本来面目。一层的周围倚着藏经阁盖起了简陋的民居甚至是公厕，二层的飞檐上安装了太阳能热水器，洞开的窗户上晾晒着内衣和袜子。当初神秘庄严的藏经阁，大概想不到自己会有如此充满“生活气息”的一天吧。但起码，她还是生存下来了，尽管境地是如此尴尬。

三

历史的车轮碾碎了玄妙观的部分建筑，却没有碾碎人们对于玄妙观的记忆。在高校、在民间，很多有识之士在为玄妙观的修复奔走呼吁。2006年7月，以南阳师院教授韩中安、杨炳功等为代表的百名学者联名，建议恢复南阳名胜玄妙观。他们在建议书中写道：“南阳玄妙观名声在外，恢复玄妙观也就是恢复人们对南阳文化的一种记忆，是众望所归。”

道教自诞生以来的两千多年，深刻影响着中国人的思想观念和民间习俗。文学大师鲁迅就曾以“中国根柢全在道教”来比喻道教在中国文化中的地位与作用。随着现代社会发展，天文天象、中医中药、养生健身等不少和道教紧密联系的传统习俗越来越受到人们重视。春节第一天，北京就出现了三万人绕行两公里去雍和宫上香的繁华场面。据说，当时雍和宫的门票50元一张都很难买到。由此不难看出宗教名胜对当地经济、文化、旅游等行业带来的显著效益。南阳人不重视民俗吗？看看每年多少南阳人前往临近的湖北武当山上香，就知道传统文化在南阳人心中的分量有多重。

在南阳历史文化名城的建设中，南阳知府衙门的恢复重建可以说是浓墨重彩的一笔。府衙在复建后即被公布为全国重点文物保护单位，并成为南阳重要的人文景点。玄妙观作为当年在全国享有盛誉的道家名观，在南阳人心目中也有着举足轻重的地位。在南阳经济建设快速发展的今天，玄妙观何去何从，自然牵动着不少人的心。

南阳师院有关专家学者认为，假如玄妙观在原址恢复重建，再与同属道教名胜的武侯祠形成“对答”，一个在城北，一个在城西，交相呼应，这样不仅能成为历史文化名城的一个新的文化标志，而且还会对南阳市文化和经济的发展发挥重要作用。

最近，有网友在网上发帖，建议恢复南阳玄妙观，有众多网民响应：

“保护文化遗产就是保护我们自己的精神家园！”

“玄妙观是历史文化名城的璀璨明珠，

我们有责任和义务为恢复南阳玄妙观做贡献！”

“有历史和文化积淀的建筑是稀缺资源，比任何其他设施都要珍贵。因为她能传承给后人的，不仅有文化价值，也有经济意义，远非一般的建筑所能比。”

而在玄妙观所在的宛城区，区委宣传部部长建议：“南阳玄妙观是南阳历史文化名城的重要支撑，围绕中心城区打造以南阳府衙、玄妙观、汉冶铁遗址为中轴线，‘四圣’环绕南阳城的新的旅游景观，将极大地彰显南阳中心城区政治、经济、文化中心的龙头地位，带动全市旅游文化产业以及商业、服务业等相关产业的发展。”宛城区区委书记也明确表态：“宛城区委、区政府坚决要为文化让路、为文物让路，一定要保护好、开发好老祖宗给我们留下的宝贵财富，让古老的文化在我们手中传承下去，并发扬光大。目前要协调市有关部门，尽快规划区委、区政府的搬迁工作，为南阳文化的大发展、大繁荣做贡献。”

玄妙观，在漫长的沉寂和等待中，似乎又看到了希望的曙光。

南阳玄妙观有一“怪”，怪就怪在南阳人对她截然不同的看法上：要么一无所知，根本不知道有这么个地方；要么就对其视若珍宝，津津乐道。前不久，我还属于前一种人，对这个近在咫尺的著名道观熟视无睹。可就在实地考察了玄妙观现存建筑，了解了她的历史后，我深深地为自己的无知惭愧起来。

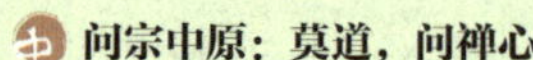

问道五朵山

郭建刚 | 文

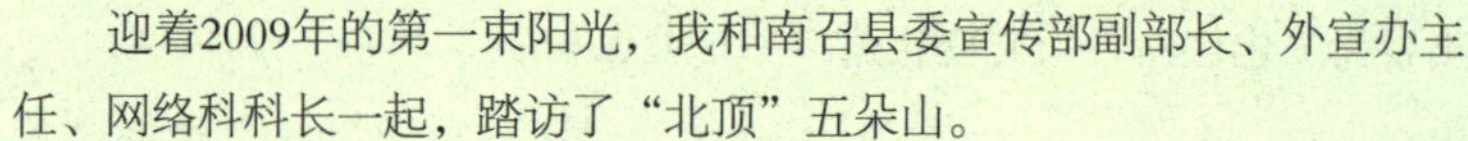

迎着2009年的第一束阳光，我和南召县委宣传部副部长、外宣办主任、网络科科长一起，踏访了“北顶”五朵山。

著名作家二月河在他的五朵山游记中写道：“时令已经入冬，入冬之后一直没有下雪，但我们到索道口，天上纷纷扬扬飘下绒絮一样的雪花，那峭壁、挺直略略倾斜的山立时变得生动起来，黄色的石壁，中间夹着褐色、灰色、鲜红、淡红、橘黄的灌木丛和杂木树林，在风中轻轻摇曳，蝴蝶样的雪片在它们中间忽上忽下穿行舞蹈，婆娑生姿，仿佛整座山都被这缤纷的天花团裹了，显得那样绰约、含蓄，风采万千都随在天然的纱幔之中。”

五朵山就是连在一起的五座山峰。五朵自北向南，依次是圣朵、禅庵朵、摩云朵、娇女朵、姮女朵，朵朵自然都有她的故事。圣朵是金顶所在。这里也被称为“北顶”，是相对于武当山而言的，说武当山是南顶。当年明代朱姓太子，先在这里修行，后到武当山修行，故有“南顶”和“北顶”之说。南召的“北顶”，神秘有兴味。

南召五朵山久负盛名。《山海经》称其“依帝山”，《水经注》称“岐棘山”，《太平寰宇记》则称“骑立山”，《明嘉靖南阳府志》云“此山五峰并峙，圣朵、禅庵朵、摩云朵、娇女朵、姮女朵比肩而立”，故名“五朵山”。南北并连矗立的五座突兀石峰高耸入云，势成五极，望之令人精神为之一振；登山途中有石墙石壁、造型岩体、突怒巨石、悬天一线，以及人造平湖、飞瀑渊潭、茂林修竹、烂漫山花、珍禽异兽等，特色鲜明的人文和自然景观在南阳盆地独树一帜。四千余级的石阶路势如登天云梯。五朵山自古以来即是道教圣地，名播四海。

【作者简介】

郭建刚，河南泌阳人。社旗县委对外宣传办公室主任，《社旗手机报》编辑。在《人民日报》《解放日报》《战斗报》《河南日报》《南阳日报》《南阳晚报》等新闻媒体上发表新闻作品一百多万字。

唐贞观年间肇建庙宇，初为祈雨之地。宋代称“骑立山龙堂”，元代称“嘉显侯庙”，明代称“祖师庙”。世传明朝第二代皇帝建文帝朱允炆在“靖难之变”中下野后辗转到五朵山建庙修道，民称“祖师爷”，钦封“真武大帝”，并得此地天宝观道人张三丰相助弘扬道场，声名大振。自此此山始称“北顶”，故名“北顶五朵山”，又称“祖师顶”“金顶”。后朱允炆与张三丰南下到武当山建庙，武当山即称“南顶”，两地香火盛况一样，遥相辉映，因此民间有祖始爷“月不离五朵，日不离武当”的传说。明清以来，朝“北顶”和朝“南顶”成为中原和江汉地区的一项重要典祀活动。1978年，河南省人民政府公布北顶五朵山祖师庙为重点开放道观；继之，南召县人民政府礼聘南召籍全国政协常委、中国道教协会会长、道学院院长闵智亭为北顶五朵山道观名誉道长，五朵山庙宇走向鼎盛时期。这是一个道教文化极盛的地方。目前已有不少道教的庙宇建筑，如文昌庙、药王庙、玉京宫、财神庙、土地庙等。尽管这都是新的，但是香火依旧旺盛，据说外省也有来上香的。

金顶处有很多烧香的人，也有和尚、道姑在那里为人民服务。金顶里面的铜像金光闪闪。站在山顶，凭栏遥望山下，来路像一条舞动的飘带，飘拂于条条绿色的山岭之中，真美。北边有一道山岭被劈去了一半，

这是当地人开采大理石造成的，实在是有煞风景。西南边是几座山峰，山峰多石少树，在太阳的照射下，看上去都很壮观。倘若是乘缆车上下金顶，上下之时，俯视脚下，峡深树密，石壁陡峭，顶天立地。暴瀑峡，是五朵山的重要一景，这个峡就紧依在五朵山下，峡谷长约七里。进入景区，用石坝拦成的翠明湖一下就深深地吸引了人们，使人们迫不及待地拍下一处处美景。小峡谷里谷窄树密，路随水转，道平坡缓，适宜闲游。这里自下而上，步换景异，一步一景，真个儿是：

平湖碧翠映树绿，
栈道弯曲有深意。
潭水清澈见河虾，
奇石错落有异趣。
吊桥几度跨古今，
明朝太子有遗迹。
石峰流瀑游客喜，
小桥流水捉蟹鱼。
树下沙滩憩息处，
小吃板屋不欲离。

景区精心打造的暴瀑峡游览区，群峰如诉，溪流低语，清泉飞瀑，宛转流淌，繁林密植，曲径通幽。那山与水的脉脉情语，尽展伏牛山水的灵动和韵律。瀑布、水潭、溪流，如珍珠，似美玉，让人目不暇接、流连忘返。那条贯穿暴瀑峡、采用当地出产的大理石铺设的林荫小道，就像一条携满了珍珠的项链，不断地撩拨着游客高涨的游兴。一批批游客乘兴而来，又一批批游客尽兴而归，他们把"亲水天堂""嬉水乐园""伏牛水上世界"这样的赞誉慷慨地留给了暴瀑峡，难怪这里"神秘有兴味"了。

暴瀑峡依托秀美的生态山水，在旅游旺季聘请优秀古典器乐演员进行场景式演出，将古筝、长笛、排箫、琵琶、二胡等奏出的悠扬的音乐融入暴瀑峡清幽迷人的美景中。游客更可以现场与演员展开互动，体验一把古典音乐的魅力。暴瀑峡内还为游客安排了别有风趣的新野猴戏表演，猴子们机灵的神态、生动的表演，给游人带来一阵阵的欢声笑语。因为汛期等原因一度中断的"水上明珠"项目也将恢复营业。置身于原生态的山林之中，悠然荡舟在碧波之上，定会让你在此把城市的喧嚣和工作的劳累一扫而光，满怀激情地去收获大自然的恩惠。只是，如今是冬季，没能看上壮观的暴瀑，好在倒也见识了暴瀑峡的冰清玉洁，亦不为憾。

金秋时节，五朵山硕果盈枝。126平方公里的山坡林地、沟沟壑壑间，一丛丛、一片片，绿叶红果，色彩斑斓。猕猴桃挂满藤上，山茱萸红了枝头，板栗咧嘴欢笑，山核桃也笑皱了面皮，自是别有一番风味。善良的山民会告诉你，五朵山的野生猕猴桃富含维生素，被誉为"水果之王"；五朵山的山茱萸补力平和，壮阳而不助火，滋阴而不腻膈，收敛而不留邪，为历代医家所喜用；五朵山的板栗也是健康食品，属于健胃补肾、延年益寿的上等果品。这里还设有板房长廊供吃小吃者休息，另有秋千、跷跷板供儿童玩耍。谷中小道旁，大树下有石座、沙滩可以小憩，时时又可下小溪摸蟹捉鱼。这里的景物不少都有石刻的题名，大多是和明太子在五朵山修道时的故事相联系。

五朵山是慷慨的山，也是大方的山。虽是元旦，憨厚朴实的山民仍在寒风凛凛中兜售着天然野果。

道教文化，被鲁迅先生誉为"中国文化的根柢"。万福宫道教文化游览区，就是你在五朵山感悟道教文化独特魅力的好去处。五朵山道观前任名誉道长、全国政协常委、全国道教协会会长、全国道教学院院长闵智亭生前亲自选址奠基的五朵山万福宫，已经完成了复修工程。据悉，五朵山五百多年来一直秘不外传的"道教养生十四字诀"亮相万福宫，回馈游客。坚信，万福宫恢宏的道教宫观，奇特的"玄"字布局以及巧妙的"福""禄""财""喜""寿"蕴涵，一定会让你醍醐灌顶、顿开茅塞。

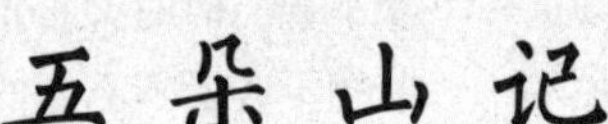

五朵山记

二月河｜文

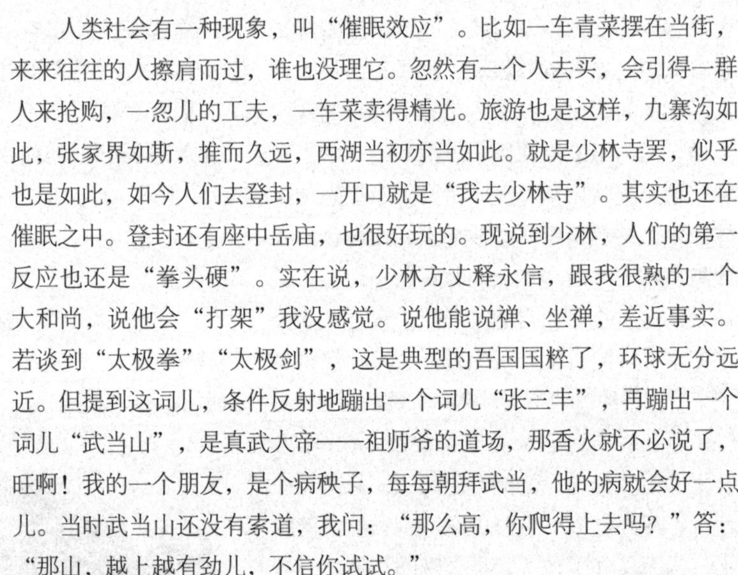

人类社会有一种现象，叫“催眠效应”。比如一车青菜摆在当街，来来往往的人擦肩而过，谁也没理它。忽然有一个人去买，会引得一群人来抢购，一忽儿的工夫，一车菜卖得精光。旅游也是这样，九寨沟如此，张家界如斯，推而久远，西湖当初亦当如此。就是少林寺罢，似乎也是如此，如今人们去登封，一开口就是“我去少林寺”。其实也还在催眠之中。登封还有座中岳庙，也很好玩的。现说到少林，人们的第一反应也还是“拳头硬”。实在说，少林方丈释永信，跟我很熟的一个大和尚，说他会“打架”我没感觉。说他能说禅、坐禅，差近事实。若谈到“太极拳”“太极剑”，这是典型的吾国国粹了，环球无分远近。但提到这词儿，条件反射地蹦出一个词儿“张三丰”，再蹦出一个词儿“武当山”，是真武大帝——祖师爷的道场，那香火就不必说了，旺啊！我的一个朋友，是个病秧子，每每朝拜武当，他的病就会好一点儿。当时武当山还没有索道，我问：“那么高，你爬得上去吗？”答：“那山，越上越有劲儿，不信你试试。”

我毕竟没有去“试试”。一来道远事忙，二来我心里有个阴暗的见识，大凡庙里香火太旺，众人皆去烧香，神也未必“记得”我。我喜爱到底蕴深厚但不甚有钱的“文化贵族”景点去徜徉结缘——我选中了五朵山。

这座山在南召县境内，去朝拜武当的香客大都知晓。武当叫“南顶”，五朵山叫“北顶”。当年燕王朱棣发动“靖难之役”，叔叔要夺侄儿权，水陆并进打南京，明惠帝朱允炆在火光如炬的夜晚仓皇逃出。万念俱灰的落魄皇帝逃到五朵山定居下来，在这里他结识了张三丰，受

【作者简介】

二月河，山西人。南阳作家群代表人物，郑州大学文学院院长。河南省优秀专家，历史小说作家，中国作协会员，享受政府特殊津贴。因其笔下的“帝王系列”——《康熙大帝》《雍正皇帝》《乾隆皇帝》三部，被海内外读者熟知。

张氏指点，终成正果。又南下游方，在武当创建庙宇——这才有了武当南顶。当然这是传说。我心里一直对此存疑，张三丰是宋末元初人，文天祥被杀时他已记事。再经一个元朝到明朝，又经一个洪武朝31年，到“靖难之役”，张三丰起码有130岁了。他还能和朱允炆一道儿玩？说给佛教徒断然不信，但道教说的是神仙。130岁，应该算个青年神仙。

一是神山有“戏”，二是上山有索道，那我就上吧。

时令已经入冬，入冬之后一直没有下雪，但我们到索道口，天上纷纷扬扬飘下绒絮一样的雪花，那峭壁、挺直略略倾斜的山立时变得生动起来，黄色的石壁，中间夹着褐色、灰色、鲜红、淡红、橘黄的灌木丛和杂木树林，在风中轻轻摇曳，蝴蝶样的雪片在它们中间忽上忽下穿行舞蹈，婆娑生姿，仿佛整座山都被这缤纷的天花团裹了，显得那样绰约、含蓄，风采万千都随在天然的纱幔之中。

五朵极顶的庙宇并不大，从山下往上看，像是一根粗大的乳黄色石柱上顶着一个“点”，但上来看，又像一座错落有致的庭院，前后院侧房俱全。凭着砖界眺望，远处的大地河流苍茫，雪意中的峰峦迷离，仿佛会说话似的，都在抬头仰望着你。导游在旁指点：“这座峰，在山下看它，并不是最高，到山顶看，所有的山峰都在它脚下。”“您看那边，左边是白的，右边是暗的，说是一个神仙，一头担着豆腐，一头担着韭菜，是在那里翻了，山这边全是野韭菜，这里的韭菜花、野韭菜是有名的……”

我没有用心听他的，我在注意神殿前那副对联，却是一色的道文云雷篆书。我记得我的存书中的道家文字有这样的图形，但搜遍枯肠，再看也只是“面熟”。庙中道士见我踟蹰，过来解读，叫“疙瘩云里神仙位，柯岔山上道人家”。惭愧，我只认得“上、人、家”三个字。我很留意文化景点上的文字，但不是这类文字，这类只是让人好奇而已，文字内容却是“凡人的”。我在上山前读到资料，说五朵山听琴亭右有数十亩大的摩崖石刻，因年代久远，文字已很难辨识，人们都叫“天书”。但有心人读到点断，是这样的：“……承运四载……庸腐拘执。无驾驭雄才，……王气在燕，非汝能执。……许藩王起兵，以清君侧……朱书度牒……出鬼门，会于神乐观……道溧阳、入太湖、历浙东、转云贵……居北顶，不皇而皇，永立天下……”

可惜这次时间太仓促，没能到听琴亭，自然也就没能见这石刻。倘真是这样，这里就太神秘了：这完全是朱元璋的口气，“靖难之役”朱允炆的逃亡路线及在北顶成道，这件事，都发生在朱元璋死后，竟都在他生前的先期预料之中！这样的石刻，是应该立即修复，力加保护的，这功德谁做呢？关于这段故事，我听到的另外版本是：朱允炆逃亡，朱棣严令追捕，大索天下而不得，但圣命急如星火，追捕的人只好报说逃亡皇帝已归天。朱棣说既已成仙，那就塑像祭祀！下头人不知神像怎么塑，朱棣当时正在洗澡，就指着自己说：“照这个样儿来。”便有了“沐浴祖师”的图形塑像。

南召的北顶，神秘有兴味。

敬启

在本书编辑过程中，我们经多方努力，未能找到一部分作者的联系方式。

我们尊重作者的权益，为此预留了稿酬。见书后请即与本丛书编委会联系。

联系方式：（QQ）2086670494（大中原文化读本）

电子信箱：dzywhdb@qq.com　dzywhdb@126.com

另：编委会正在筹备“国风读库”系列丛书，欢迎多多赐稿。约稿详情及样文，请关注“文心出版社”微信公众号（wenxinchubanshe），详细了解。

（欢迎扫码关注）
“文心出版社”微信公众号